हिन्दी रंगमंच की लोकधारा

तक्षशिला
एजुकेशनल सोसाईटी
पटना

वाणी प्रकाशन
नयी दिल्ली

हिन्दी रंगमंच की लोकधारा

जावेद अख़्तर ख़ाँ

वाणी प्रकाशन

4695, 21-ए, दरियागंज, नयी दिल्ली 110 002

शाखा

अशोक राजपथ, पटना 800 004

फ़ोन: +91 11 23273167 फ़ैक्स: +91 11 23275710

www.vaniprakashan.in
vaniprakashan@gmail.com

HINDI RANGMANCH KI LOKDHARA
by Javed Akhtar Khan

ISBN : 978-93-5072-542-9
Criticism

प्रथम संस्करण

मूल्य : ₹200

न्यू कृष्णा ऑफ़सेट, दिल्ली-110 093 में मुद्रित

वाणी प्रकाशन का लोगो मक़बूल फ़िदा हुसेन की कूची

अम्मा की याद में

भूमिका

जीवन में कई नाटक देखे, पहली बार देखी रामलीला, छुटपन में। बड़े तख्त पर जिस पर रामलीला खेली जा रही थी, वहाँ तक पहुँचने में अपने दूध के दाँत तुड़वाए हैं। मुँह में खून के स्वाद की स्मृति की तरह है, यह खेल। सबसे ज्यादा आनन्द अशोक वाटिका-प्रसंग में आता, जब लाल रंग पुता चेहरा लिए हनुमान बना अभिनेता सचमुच के केले खाता, मंच के नजदीक धँसे बैठे हम छुटके दर्शकों को भी केले देता; या फिर, हम ही दौड़कर मंच पर खड़े केले के थम्ब में धागे से बँधे केले तोड़ लाते। मुँह में खून के स्वाद के साथ केले का स्वाद भी घुला हुआ है। मेरे लिए रंगमंच का मतलब यही है। यह खेल और तमाशा है, यहाँ मेला-ठेला और लोगों की भीड़ है। कृष्ण जन्माष्टमी की झाँकी देखती भीड़ में दो बार गुम हो चुका हूँ। उस झाँकी के जादू से छूटकर अपने असली जीवन की तरफ बेतहाशा भागता हुआ, सचमुच के घर-परिवार की तलाश में, अपने यथार्थ में लौट आना और फिर से रंगमंच के खेल के जादू में बँध जाना, ये कुछ बातें याद हैं। फिर याद है, 'कटोरा भरा खून' नाटक की, किसी पारसी थिएटर कम्पनीनुमा संस्था की प्रस्तुति की, जिसके बारे में बताया गया कि नायक मंच पर कटोरा भरा खून लिए आता है, कहा गया कि एक बार इसी दृश्य को देखकर पं. नेहरू को उल्टी आ गयी थी। दृश्य की प्रभावशीलता के किस्से थे। बिस्तरे पर झपकती आँखों के बीच उसाँसें भरता किस्से सुनता। किस्सागो आवाज को हलके-से बदलकर, कभी खरखराते स्वर में, कभी नकियाता हुआ स्वर, आवाज की थोड़ी-बहुत फेर-बदल और जेहन की परतों पर आते देखे-अनदेखे, दोनों के अजीब मिले-जुले कई चेहरे जादूगर, बिना सिर का आदमी, उलटे पैरवाली डाकिन, गाता हुआ तोता और 'राकस' (राक्षस), जो हमेशा नकियाए स्वर में ही बोलता हंम रांकंस बांनीं...एं बांबां, हंमरां कें तंनीं खैन्नी दीं...हंम,...! वगैरह-वगैरह।

बरसों बाद जब दारियो फो के नाटक के हिन्दी रूपान्तरण 'अब मैं नाच्यो बहुत गोपाल उर्फ जिन्दगी ख्वाब है' में अभिनय कर रहा था, बचपन की मेरी उम्र की बेटी ने मंचन-समाप्ति के बाद मुझसे पूछा, क्या सचमुच जादू से (मंच पर) मैंने अखबार से अंडे और पावरोटी निकाली थी। मंच पर तो ये चीजें निकली थीं जादूगरी से, कुछ हाथ की सफाई और मंच-सामग्री की थोड़ी-बहुत मदद और दर्शकों की आँखों को ओट में रखकर ये करामात किये गए।

कुछ बहुरूपिये याद आते हैं– मजनूं बना जुल्फ बिखेरे खाक चेहरे पर मले 'लैला-लैला' पुकारता हड्डियों का ढाँचा लिए अभिनेता दूसरे ही दिन तोंदियल सेठ बना नजर आता, वही अगले दिन गदाधारी हनुमान बना दोनों गाल फुलाए आता, उसकी चाल की तरह उठती-बैठती उसकी पूँछ थी। जरीदार गोटेवाले भारी कपड़े, काजल-भरे नैन, रंग-पुता चेहरा और तरह-तरह के सामान। कुल जमा 'रंगमंच' को पहचानने के ये कुछ शब्द हैं—लीला, खेल, तमाशा, कारीगरी, बहुरूप, मेला, भीड़, स्मृति, आस्वाद, झाँकी, बेसुधी, जादूगरी, यथार्थ, किस्सा, करतबबाजी, हाथ की सफाई, दृश्यावली, रंग-पुता चेहरा, फुसफुसाहट, अट्टहास, विस्फारित नेत्र, और दैवी-दुनियावी कई-कई चेहरे आदि-आदि।

'नाटक' केवल साहित्य का अंग कब बन गया, यह एक रोचक (शोधपरक) विषय हो सकता है। इतना जरूर है कि नाटक को केवल शब्दार्थ-आधारित विधा मानकर देखने से कुछ हासिल नहीं होता। नाटक अन्ततः और मूलतः एक 'खेल' है, अपने ठोस-भौतिक शरीर के साथ, जिसके भीतर एक बिना परिधिवाला 'स्पेस' है, जहाँ समय और मानव-सभ्यता अपने रंग बिखेरती है। तब फिर रंगमंच में 'शब्द' की क्या महत्ता है? इसे कुछ देर में समझेंगे। हिन्दी साहित्य के हर विद्यार्थी को यह पता है कि आचार्य रामचन्द्र शुक्ल ने आधुनिक काल को 'गद्य-काल' कहा है और यह भी कि गद्य के विकास के साथ-साथ हिन्दी में 'नाटक' का विकास हुआ। इसीलिए, भारतेन्दुपूर्व के हिन्दी के तमाम नाटक पद्याधारित होने के कारण 'नाटक' कहलाने योग्य नहीं हैं। हिन्दी साहित्येतिहास लेखन की जब शुरुआत हुई, जाहिर है आचार्य शुक्ल के साथ, तो द्विवेदीयुगीन मर्यादा के भीतर हुई। फिर वैसे तमाम 'खेल' मर्यादाच्युत माने गये। एक तरफ तो 'नाटक' गद्य की विधा हुई, दूसरी तरफ उसे 'खेल-तमाशा'-जैसी हलकी चीज से दूर रखा गया। इस तरह एक साहित्यिक विधा सामने आयी 'नाटक', जब इससे काम नहीं चला, तो उसे 'नाटक-साहित्य' भी कहा गया। लेकिन 'रंगमंच' से पीछा छूटा नहीं, इसलिए 'नाटक और रंगमंच' विषय अस्तित्व में आया। साहित्येतिहास और आलोचना-साहित्य में 'नाटक और

रंगमंच' का उल्लेख और व्याख्या की जाती है। लेकिन, यह विस्मृत हो गया कि 'नाटक' मूलतः और अन्ततः एक रंगमंचीय संकल्पना है, मतलब कि प्रस्थान-बिन्दु 'रंगमंच' ही है, जो सामुदायिक प्रदर्शनकारी विधा है और जो अपने समय-स्थान से बँधी है। मुश्किल यह है कि रंगमंच वर्तमानकालिक, स्थानीय और समुदायबद्ध है, 'मरण को वरण' करने की कला, शब्दार्थ-आधारित साहित्य-विधाओं की तरह यह अपने समय-स्थान-समुदाय से परे जा ही नहीं सकती। साहित्य का आस्वाद किसी भी समय-स्थान-समुदाय में लिया जा सकता है, 'रंगमंच' केवल अपने समय-स्थान-समुदाय में सुख देता है।

छापे की कला के विकास ने साहित्य-क्षेत्र में 'पाठ' के महत्त्व को नये सिरे से रेखांकित किया। जो काव्य 'दृश्य' और 'श्रव्य' था, उसका पाठ्यान्तरण हुआ, इसलिए छपा हुआ साहित्य 'एकान्त रसास्वादन' की वस्तु बना। इस चर्चा का सम्बन्ध हिन्दी के सार्वजनिक क्षेत्र से है। 'भाषा' पहले बोली जाती है, वह मूलतः एक क्रिया है, वैसे ही 'रंगमंच' एक क्रीड़ा है, वह खेला जाता है, यह एक खुला हुआ सार्वजनिक क्षेत्र है। भरतमुनि शायद इसी अर्थ में 'नाटक' को 'सार्ववर्णिकम्' कहते हैं। फिर बहुत बाद में रूसी अभिनेता-निर्देशक स्तानिस्लाव्स्की ने नाट्य-सृजन को 'सार्वजनिक एकान्त' रचने की कला कहा। अभिनेता मंच पर अपने 'एकान्त' का सृजन करता है, जो सार्वजनिक होता है। सृजन की एकान्तिकता और सार्वजनिक आस्वादन, यह दोहरी प्रक्रिया 'रंगमंच' में चलती है। जी. बी. प्रीस्टले ने एक बहुत दिलचस्प बात कही है कि हम नाटक देखते समय मंच पर पटरी पर बँधी छटपटाती नायिका को बचाने नहीं जाते, जबकि ठीक उसी समय कुछ अघट घटने को लेकर हमारी साँसें रुकी रहती हैं। बच्चा अपने पिता से दुष्ट राक्षस की कहानी सुनता है और जब पिता 'राक्षस' बनने लगता, ठीक उस लम्हे के पहले, बच्चा रोने-मचलने लगता है और फिर से पिता बन जाने की आरजू करता है, और जब वह आश्वस्त हो जाता है, तो वापस फिर से पिता से 'राक्षस' बनने को कहता है—यह दोहरा खेल है, सच और झूठ का मिला-जुला खेल। प्रीस्टले कहते हैं—यही है नाट्यानुभूति की विरलता। जहाँ यह 'खेल' नहीं है, वहाँ नाटक नहीं है। हिन्दी साहित्य का सार्वजनिक क्षेत्र इसी अर्थ में संकुचित हुआ है। नाचना-गाना-बहस करना-सुनना-बोलना-देखना-अभिनय करना—इन सबकी जगह केवल छपे हुए पाठ के एकान्त में रमना, इससे हमारे रंगमंच की परम्परा समझ में नहीं आती, यह रसीले आम को केवल सूँघकर उसके स्वाद के बारे में बताने-जैसा है। रंगमंच में तो ठोस आस्वाद है, मुँह में ताजा खून और पके केले के मिले-जुले स्वाद की तरह।

हमारा आदि-कवि आदि-अभिनेता ही होगा, इसलिए साहित्य में सैकड़ों वर्षों में आये शब्द पहले-पहल अभिनेता द्वारा उच्चरित हुए होंगे, या यों कहें, ये 'शब्द' भी केवल शब्द नहीं रहे होंगे क्रिया होंगे, या फिर मुद्राएँ, मुखाकृतियाँ होंगे या विरल नाट्यानुभूतियाँ; शब्द उच्चरित हुए होंगे, क्रिया के बल के साथ। ये केवल 'शब्दार्थ' नहीं होंगे, केवल 'वागर्थ' नहीं। यही वजह कि 'नाट्य' के सन्दर्भ में भरतमुनि ने 'वागंग' की बात कही है और कई स्थलों पर उसे 'वागाभिनय' कहा है। यहाँ 'शब्द' हैं, पर वे 'आंगिक क्रियाओं' पर आधारित हैं, वाणी है, लेकिन वह अभिनय-आधारित है। हिन्दी साहित्येतिहास और आलोचना-साहित्य में 'नाटक और रंगमंच' की स्थिति 'ब्राह्मण समाज में ज्यों अछूत' वाली रही है। यही वजह है कि रीतिकाव्य में जो बातें अब सामान्य लगने लगी हैं, रंगमंच के क्षेत्र में आते ही अब भी उनमें छिछलापन नजर आता है। बहुत पहले भारतेन्दु ने अपने दो बंगाली भद्र मित्रों की चर्चा की है, जो किसी पारसी थिएटर कम्पनी की प्रस्तुति 'शकुन्तला' देखने गये और जब उन्होंने राजा दुष्यन्त को कमर पर हाथ रखकर मटकते 'मोरी पतरी कमर बल खाए रे' गाते हुए देखा, तो वे दोनों प्रेक्षागृह से यह कहते बाहर निकल आये कि ये लोग कालिदास के गले पर छुरी फेर रहे हैं। महाकवियों की गरदन पर कहीं छुरी न फिर जाए, इस चिन्ता में घुलते रहने के हिन्दी साहित्य में क्या परिणाम हुए, यह समझना तो जरूरी है।

आधुनिक युग में इस पूरी प्रक्रिया ने रंगमंच की लोकधारा से हमें दूर किया। अब भी विश्वविद्यालयों में 'नाटक और रंगमंच' के सन्दर्भ में यही बात समझाई जाती है कि गद्य के विकास के साथ, भारतेन्दु के समय में हिन्दी रंगमंच की शुरुआत हुई, या फिर यह कि पद्याधारित नाटक, 'नाटक' नहीं हैं, या यह कि हीनकोटि काव्य होने के कारण ये 'नाटक के इतिहास' में विवेच्य योग्य नहीं हैं। गाना-नाचना-नैन मटकाना-ठुमके मारना-इशारे करना-जीभ चिढ़ाना-सीटी मारना-सिसकारी भरना-हू-हू या हा-हा करना—यह सब तो सभ्यता के शिखर से नीचे गिरने-जैसा है। जिस समाज में नाचने-गाने-अभिनय की एक पूरी मजबूत परम्परा है, वहाँ उसे गिरी हुई रुचि का विषय किसने और कब बनाया, इसकी छानबीन जरूरी है। क्या यह पश्चिम से प्रेरित नवजागरणकालीन आधुनिक चिन्तन की परिणति है? जिस समुदाय में सूफी-सन्त-साधक-फकीर नाचते-गाते-बजाते हों, वहाँ नाचने-गानेवाला या वाली (इसी तरह नाटक-नौटंकी-भाँड़-भडैती करने वाले-वालियों) को कब से नीची दृष्टि से देखा जाने लगा? और ये नाचने-गाने-अभिनय करने वाले लोग कौन हैं? ब्राह्मणों में भी क्या ये वैसे ब्राह्मण हैं, निराला की तरह 'अछूत' जैसे? क्या सवर्ण मानसिकता और आधुनिक चिन्तन के सहमेल के परिणामस्वरूप हम रंगमंच की लोकधारा से अलग हो गये?

भारत की नाट्य-परम्परा अभिनटनपरक है, यहाँ नाचना भी है, गाना भी है, तो उछलना-कूदना-मटकना भी है और यह उतना ही सहज है, जैसे कि हम और आप हैं; या फिर, हिन्दी साहित्य ने ही हमारा असहज विकास कर दिया है? नाट्यधर्मिता में ही 'रंगमंच' की सहज लोकधर्मिता निहित है। यह एक अयथार्थवादी परम्परा है, जिसमें 'समय-स्थान-क्रिया' की समन्विति की हदें टूट गयी हैं। यह पश्चिम के यथार्थवाद से तात्विक रूप से भिन्न है। यहाँ 'भ्रम' को रचा जाता है, सचाई के बहुत करीब तक ले जाकर, लेकिन वह 'सच' में नहीं बदल जाता। स्तानिस्लाव्स्की के 'मैजिक इफ़' के सिद्धान्त का सन्दर्भ जाहे जो हो, भारतीय नाट्य-परम्परा में 'सच का भ्रम रचने का जादू' दीखता है। एक साधारण कुरसी मंच पर विश्वास करने पर राजसिंहासन बन सकती है, दाढ़ी-मूँछ के साथ माथे पर केवल गमछा ओढ़कर बिरही नायिका की भूमिका अभिनीत की जा सकती है, यहाँ अभिनेता के विश्वास की दृढ़ता में ही दर्शकों का विश्वास निहित है। यह रंगमंच सचमुच बच्चों के खेल-जैसा है, जहाँ एक छड़ी घोड़ा बन सकती है और बन्दूक भी। यहाँ भिखारी ठाकुर मंच पर ढोलक की थाप के बीच दो चक्कर लगाकर छपरा से कलकत्ता पहुँच जाते हैं। बहुत बाद में मैंने एक नाटक किया—'दूर देश की कथा', जिसमें पात्र मंच पर उड़ने का अभिनय करते हुए पलक झपकते 'दूर देश' पहुँच जाते हैं, अभिनेताओं की दृष्टि ही दरअसल उन्हें 'दूर देश' पहुँचा देती है, जिस दृष्टि से बँधा दर्शक भी उन्हीं के साथ वहाँ पहुँचता है। यह सचमुच घटित होता है, यथार्थ का भ्रम, यह झूठ उसी समय उतना ही सच होता है। इसीलिए रंगमंच एक 'थ्रिल' है।

इसके लिए कथानक कहाँ से मिले और पात्र? क्या वे सचमुच थे, वैसे लोग, वैसी घटनाएँ जो अविश्वसनीय लगती हैं, उन्हें मंच पर पेश करने का तरीका उससे भी ज्यादा अविश्वसनीय; फिर भी उसमें इतना आकर्षण क्यों है जो देर रात हजारों दर्शकों को रमाए रखता है? क्या यह केवल धार्मिक अन्धविश्वास है, कर्मकाण्ड का जीवन्त तमाशा, जहाँ बुद्धि-विवेक का अभाव है, केवल पारलौकिक बातें हैं? हबीब तनवीर ने छत्तीसगढ़ के गौरा-गौरी प्रसंग को लेकर कुछ प्रयोग किए थे। उनका मानना था कि हमारे कर्मकाण्ड में बहुत कुछ ऐसा है, जो अभिनटनपरक है, नाटकीय सम्भावनाओं से भरपूर। उन्होंने अपने कुछ रंग-प्रयोगों में तरीके भी वही अपनाए (जिस पर सफ़दर हाशमी ने एक समय तीखे सवाल भी उठाये थे, एक सच्चे मार्क्सवादी की तरह), जो आमतौर पर कर्मकाण्ड करते समय अपनाये जाते हैं। क्या इसे आधुनिकता से च्युत नाट्य-प्रयोग कहा जाएगा, या रंगमंच की भाषा को समुदाय के लिए सुगम करने का एक उपाय, या युक्ति? क्या सचमुच रंगमंच पर पात्र का

अवतरण होता है, पारलौकिक अवतार की तरह? 'यक्षगान' में प्रसाधन करते हुए सुबह से शाम हो जाती है, अभिनेता फर्श पर लेटकर अपना प्रसाधन कराते हैं, सात-आठ घण्टे तक यह प्रक्रिया चलती है, ऐसे में क्या वह चरित्र उनमें नहीं उतरता, जिन्हें शाम-ढले उन्हें प्रस्तुत करना होता है, इन घण्टों में वह चरित्र उनमें जज़्ब ही तो होता रहता है, स्याह सोख्ते की तरह और जब वे मंच पर प्रस्तुत होते हैं, हिरण्यकश्यपु, कुम्भकर्ण या शूर्पणखा या राम-सीता के रूप में, तो मंच पर वे अवतार ही तो लेते हैं, साकार-साक्षात-प्रत्यक्ष, बघनखों के साथ, जीभ निकाले विकराल रूप धारे, या रमणीक-सुगढ़ रूप में जी को लुभाते हुए! रंगमंच की इस लोकधारा से हटकर भारतीय रंगमंच को कैसे पहचाना जाए?

इस चर्चा का अर्थ पश्चिम की प्रेरणा को कम करके आँकना नहीं है, या फिर हिन्दी रंगमंच में जो नागर बोध विकसित हुआ है, उसकी अनदेखी करना भी नहीं है। बीसवीं शती में चालीस के दशक के बाद, विशेष रूप से रूस और जर्मनी में मेयरहोल्ड और बर्तोल्त ब्रेख्त के साथ रंगमंच में अयथार्थवादी रंगमंच की परिकल्पनाएँ सामने आयीं। मेयरहोल्ड को कथित 'समाजवादी यथार्थवाद' के उलट रंग-प्रयोग करने की कीमत अपनी जान देकर चुकानी पड़ी। ब्रेख्त ने स्वयं एशियाई नाट्य-परम्परा से तत्त्व लेकर 'महाकाव्यात्मक रंगमंच' के प्रयोग किये। और अब हमारा दौर अनेक तरह के रंग-प्रयोगों के बीच से गुजर रहा है। 'स्पेस' की बिल्कुल नयी अवधारणाएँ सामने आ रही हैं। रंगमंच पर पुराने पाठ बदले जा रहे हैं, कई स्रोतों से एक साथ कथा-सामग्री एकत्र की जा रही है और वह सम्मिश्र रूप में मंच पर आकार ले रही है। हर समय के उन्नतशील रंगमंच ने सम्मिश्र कला-रूप में ही अपना विकास किया है। हिन्दी रंगमंच की लोकधारा में हमें ऐसे कई सम्मिश्र रूप दीखते हैं। बारहवीं-तेरहवीं शती में विकसित हिन्दी रंगमंच की लोकधारा का आधुनिक काल में कैसे संक्रमण हुआ, यह अब तक एक अनुत्तरित प्रश्न है। पश्चिम की प्रेरणा को बढ़ा-चढ़ा कर देखने की प्रवृत्ति तो एक वजह है ही, लेकिन सबसे बड़ी वजह यह है कि हमने दरअसल उन खोई हुई कड़ियों को कायदे से जोड़ने की कोशिश नहीं की, जिनसे हमारे रंगमंच का अतीत ज्यादा स्पष्टता से नजर आता है। नवजागरण और राष्ट्रवाद के कुछ अपने अन्तर्विरोधों के कारण भी ऐसा हुआ। भारतेन्दु इस मायने में एक दिलचस्प उदाहरण हो सकते हैं। वे हिन्दी भाषा-आन्दोलन के जनक कहे जाते हैं और नवजागरणकालीन चेतना के अग्रदूत भी। लेकिन, सवाल तो है ही कि जो खुद 'रसा' नाम से उर्दू में शायरी करता हो, वही आगे चलकर 'उर्दू का स्यापा' कैसे पढ़ने लगता है! जो खुद अपने तमाम महत्त्वपूर्ण नाटकों में धड़ल्ले से लोकनाट्य-प्रयोग

करता हो, उसे ही अपने अन्तिम आलोचनात्मक निबन्ध में लोकनाट्य 'भ्रष्ट' और 'हीन' क्यों नजर आने लगते हैं! आगे चलकर तो एक तरफ 'उर्दू' से पूरी तरह पिंड छुड़ाने की चेष्टा ही नजर आती है और दूसरी तरफ 'राष्ट्रभाषा हिन्दी' के विकास के प्रयास दीखते हैं, प्रसाद तक आते-आते प्रादेशिकता और लोकनाट्य से पीछा छुड़ा लिया जाता है, 'राष्ट्रभाषा हिन्दी' एक कर्तव्यबोध और राष्ट्रबोध के साथ आगे बढ़ाई जाती है। जाहिर है, यहाँ एक साथ बहुत कुछ पीछे छूटना ही था। यही वजह है कि हमें 'इन्दरसभा' का महत्त्व समझ में नहीं आया। हमें यह बात नहीं दिखी कि 'इन्दरसभा' एकमात्र ऐसी रचना है, जो मध्यकालीन लोकनाट्य-परम्परा और आधुनिक हिन्दी रंगमंच के बीच सबसे महत्त्वपूर्ण कड़ी है, जो खड़ीबोली की अपनी स्वाँग-नौटंकी रंग-परम्परा से जुड़ी है, जो खुद हिन्दी-उर्दू की समन्वित वागंग-परम्परा के विकास का परिणाम है। पारसी रंगमंच की प्रस्तुतियों को देखने के नजरिए में भी यही अनदेखी है। इसकी एक स्पष्ट वजह 'उर्दू' है, जो 'राष्ट्रभाषा हिन्दी' के सामने एक असहजता पैदा करती है। हिन्दी रंगमंच के सन्दर्भ में वह 'भाव-भंगी' ही कोने में डाल दी गयी, जिसमें मुशायरे के तत्त्व—तिलिस्म-शेरो-शायरी-कव्वाली- किस्सागोई-खड़ी बोली का ठाठ मौजूद है। मजे की बात है कि यही ठाठ भारतेन्दु से लेकर हबीब तनवीर तक मौजूद है। हिन्दी साहित्येतिहास में रंगमंच के इस ठाठ का जायजा अभी तक नहीं लिया गया है। यह पुस्तक, दरअसल इसी का एक जायज़ा है।

यह पुस्तक दिल्ली विश्वविद्यालय के स्नातकोत्तर हिन्दी विभाग में सिलसिलेवार दिये गये मेरे पाँच व्याख्यानों का लिखित-सम्पादित रूप है। अन्तिम निबन्ध मेरी पीएच-डी. के शोध-प्रबन्ध का एक हिस्सा है, जो पुस्तक को मुकम्मिल करता है। विश्वविद्यालय अनुदान आयोग, नयी दिल्ली की बृहत् शोध-परियोजना—'हिन्दी साहित्येतिहास के पुनर्लेखन की समस्याएँ' के अन्तर्गत ये व्याख्यान दिए गए थे। जाहिर है, रंगमंच और नाटक के सन्दर्भ में साहित्येतिहास-लेखन का एक खाका-सा इस पुस्तक में है, कोई विधिवत इतिहास यहाँ नहीं है। साहित्येतिहास-दृष्टि के सन्दर्भ में अगर कुछ सवाल ही कायदे से उठ सकें, तो यही इसकी सफलता है। सबसे पहले प्रो. अपूर्वानंद ने मुझसे इस खाके पर अपना नजरिया व्याख्यान के रूप में रखने का सुझाव दिया था, वे धन्यवाद के अधिकारी तो हैं ही, साथ ही दिल्ली विश्वविद्यालय की शोध-परियोजना के समन्वयक प्रो. रमेश गौतम, निवर्तमान हिन्दी विभागाध्यक्ष प्रो. सुधीश पचौरी, प्रो. गोपेश्वर सिंह के साथ मैं दिल्ली विश्वविद्यालय के स्नातकोत्तर हिन्दी विभाग के श्रवण कुमार, अमितेश, मुन्ना कुमार पाण्डेय,

ऋचा-जैसे शोधार्थी-छात्र-छात्राओं का शुक्रगुजार हूँ, जिन्होंने काफी मेहनत और लगन से मेरे व्याख्यानों का लिप्यन्तरण किया। दिल्ली विश्वविद्यालय के सेवानिवृत्त प्राध्यापक और हिन्दी के सुविख्यात नाट्यालोचक डॉ. महेश आनन्द ने इस पुस्तक के लिए उपयुक्त चित्र उपलब्ध कराए हैं, मेरे प्रति उनका यह स्नेह है। मेरे मित्र पटना विश्वविद्यालय के हिन्दी के प्राध्यापक प्रो. तरुण कुमार की दिल्ली जाने के पूर्व दी गयी सलाह मैं कभी नहीं भूलता कि आपका नजरिया ही आपको रास्ता दिखाता है। मैंने उनकी सलाह पर अमल किया है और अपना नजरिया सामने रखा है। इसकी कमियाँ आप विद्वत्जन बताएँगे।

अनुक्रम

भूमिका 7

रंगमंच और नाटक का अन्तःसम्बन्ध : एक ऐतिहासिक परिप्रेक्ष्य 17

हिन्दी रंगमंच की लोकधारा 28

आधुनिक हिन्दी नाटक और रंगमंच की लोकधारा का अन्वेषण–I 39

आधुनिक हिन्दी नाटक और रंगमंच की लोकधारा का अन्वेषण–II 52

हबीब तनवीर : मौत के रू-ब-रू रंजक क्षणों की उपस्थिति 66

हिन्दी लोक रंगमंच 84

रंगमंच और नाटक का अन्तःसम्बन्ध : एक ऐतिहासिक परिप्रेक्ष्य

रंगमंच और नाटक या नाटक और रंगमंच जिसे जो भी सुविधाजनक लगे कहे, लेकिन मुझे अपनी सुविधा के लिए 'रंगमंच और नाटक' कहना अधिक उपयुक्त लगता है। मेरे ख़याल से इन दोनों के अन्तःसम्बन्ध की ऐतिहासिक परिप्रेक्ष्य में सही-सही व्याख्या नहीं की गयी है। इसलिए पहला प्रस्ताव यही है कि विषय के रूप में 'रंगमंच और नाटक' पढ़ा जाए, न कि नाटक और रंगमंच। ऊपरी तौर पर दोनों में कोई अन्तर नहीं दिखाई देता, लेकिन यदि हम रंगमंचीय शब्दावली का सहारा लें, और 'बलाघात' पर गौर करें, तो सामान्यतः नाटक और रंगमंच कहने से– 'नाटक', जो साहित्य की एक विधा है तथा जिसके अध्ययन-अध्यापन की एक परम्परा बन गयी है जिसके अन्तर्गत हमें रंगमंच के बारे में भी अलग से कुछ जानकारियाँ हासिल कर लेनी हैं– यही अर्थ सामने आता है, जबकि मेरा पहला प्रस्ताव इस 'बलाघात' को उलट देना है यानी 'रंगमंच और नाटक'। जब मैं यह शब्द-विपर्यय करता हूँ तो मुझे अपना इतिहास ज्यादा साफ समझ में आता है। वैसे यदि 'नाटक' कहने से काम चल जाता तो उसके आगे 'और रंगमंच' लगाने की आवश्यकता ही नहीं थी क्योंकि इतना कहना यदि पर्याप्त होता तो वह अवधारणात्मक उलझन ही नहीं होती जिसकी चर्चा अभी मैं करने जा रहा हूँ।

यह बात हिन्दी साहित्य का हर विद्यार्थी जानता है कि 'नाटक' रूपक का एक प्रकार है, जैसे प्रकरण, प्रहसन आदि। रूपक को तो हमने मात्र अर्थालंकार के रूप में स्वीकार कर लिया लेकिन 'नाटक' को समस्त दृश्यकाव्य का पर्याय बना लिया। एक समय श्यामसुन्दर दास ने 'रूपकरहस्य' नामक एक पुस्तक लिखी थी लेकिन

उससे कोई अन्तर नहीं पड़ने वाला था और अन्ततः कोई अन्तर नहीं पड़ा। 'रूपक' शब्द में अर्थ-संकोच हो गया और 'नाटक' शब्द में अर्थ-विस्तार लेकिन हमारे मान लेने से ही न तो अर्थ-विस्तार होता है, न अर्थ-संकोच। भारतेन्दु ने जब अपनी पहली आलोचना लिखी और उसमें जब 'नाटक' शब्द से काम नहीं चला तो उन्होंने उसके आगे लिखा 'अथवा दृश्यकाव्य'। इस तरह हिन्दी का पहला आलोचनात्मक निबन्ध छपा--'नाटक अथवा दृश्यकाव्य'। ध्यान देने की बात है कि उन्होंने नाटक और दृश्यकाव्य अलग-अलग नहीं लिखा, जैसाकि आज का विषय है। भारतेन्दु की मानें, तो कहना चाहिए नाटक अथवा रंगमंच, दोनों अलग-अलग नहीं, बल्कि एक साथ हैं। भारतेन्दु की दृष्टि में नाटक और 'दृश्यकाव्य' अथवा वर्तमान में जिसे 'रंगमंच' कहा जा रहा है, दोनों अलग-अलग संज्ञाएँ नहीं हैं, दोनों शब्द पर्यायवाची के रूप में प्रयुक्त हुए हैं-- नाटक अथवा दृश्यकाव्य। इसे समझने के लिए इसे नाटक अर्थात् दृश्यकाव्य भी कह सकते हैं। नाटक का मतलब ही होता है 'दृश्यकाव्य', नाटक का मतलब ही है-- 'रंगमंच'। यहाँ भी केवल 'नाटक' कहने से काम नहीं चल रहा था और इसकी सम्भावना अधिक थी कि 'नाटक' को साहित्य की दूसरी विधाओं की तरह मात्र शब्दार्थ-आधारित एक विधा न मान लिया जाए, इसलिए भारतेन्दु ने स्पष्ट करना आवश्यक समझा कि ''नाटक अथवा दृश्यकाव्य।" मेरे विचार से यह होगा नाटक अर्थात् दृश्यकाव्य।

भारतेन्दु के उक्त निबन्ध के प्रकाश में आने से पूर्व, 1881 में बदरीनारायण चौधरी 'प्रेमघन' द्वारा एक अचर्चित निबन्ध लिखा गया था जिसे डॉ. महेश आनन्द ने अपनी पुस्तक 'रंग-दस्तावेज़' के पहले भाग में संकलित किया है। इस सम्बन्ध में उस निबन्ध का शीर्षक और अधिक रोचक है। शीर्षक है-- 'दृश्य रूपक व नाटक' इसमें क्रम को ध्यान में रखने पर यह अत्यधिक रोचक हो जाता है। दृश्य, रूपक पहले हैं और 'नाटक' बाद में, जैसे उनके पर्याय के रूप में। इसे ऐसे भी कहा जा सकता है-- 'दृश्यरूपक'। यदि कोई कहना चाहें तो अपनी सुविधा के लिए उसे 'नाटक' भी कह सकता है। इस शीर्षक में भी जो क्रम है, उसमें दृश्य पहले है, नाटक बाद में। इसलिए मेरा आग्रह यही है कि 'रंगमंच और नाटक' कहा जाए, न कि नाटक और रंगमंच। मैं यह प्रस्ताव इसलिए रख रहा हूँ क्योंकि नाटक मूलतः और अन्ततः रंगमंचीय संकल्पना है, वैसे ही जैसे 'गीत' मूलतः और अन्ततः एक संगीतात्मक संकल्पना है।

जैसे बिना रंगमंचीय संकल्पना के नाटक नहीं है, वैसे ही बिना संगीतात्मक संकल्पना के गीत की रचना सम्भव नहीं है। 'रंगमंच' शब्द हमारे लिए नया है

जबकि 'नाटक' अत्यन्त प्राचीन शब्द है। मेरी जानकारी में बीसवीं शती के पूर्व एक समस्त पद के रूप में 'रंगमंच' शब्द का उल्लेख नहीं मिलता लेकिन इससे ज्यादा फर्क नहीं पड़ता। प्राचीन नाट्य अथवा दृश्यकाव्य शब्द के पर्याय के रूप में 'रंगमंच' शब्द चल पड़ा है। इसकी चर्चा इसलिए ज़रूरी है, क्योंकि जब हम ऐतिहासिक परिप्रेक्ष्य में रंगमंच और नाटक के अन्तःसम्बन्ध की खोजबीन करेंगे, तब अवधारणात्मक स्तर पर थोड़ा सजग रह पाएँगे।

भरत के नाट्यशास्त्र का समय ईसा की दो शती पूर्व से दो शती बाद तक का समय है और पंडितराज जगन्नाथ तक की जो काव्यशास्त्रीय परम्परा है, उसका यदि हम थोड़ा-बहुत आकलन करें तो एक बात समझ में आती है, वह है—समस्त दृश्यकाव्य का उत्तरोत्तर क्रमिक रूप से श्रव्यकाव्य में रूपान्तरण। यह परिवर्तन क्रम धीरे-धीरे स्पष्ट होता है। दंडी और भामह जो अलंकारवादी आचार्य हैं, उनके समय में यह परिवर्तन उतना नहीं है, जितना उनके बाद होता है। काव्यशास्त्र के विकास के युग में अलंकारवादियों ने भरत के नाट्यशास्त्र से ही सबसे ज्यादा उपकरण रस, वृत्ति, धर्मी, अलंकार आदि लिए। उनके काव्योपकरण दरअसल नाट्योपकरण ही हैं। लेकिन इन तमाम नाट्योपकरणों को उन्होंने प्रबन्ध इत्यादि में रूपान्तरित-अनूदित करना शुरू कर दिया जिसके कारण आगे चलकर 'श्रव्यकाव्य' के सन्दर्भ में ही इन सारे उपकरणों की चर्चा होने लगी। इसका मतलब यह नहीं कि दृश्यकाव्य की चर्चा नहीं हुई। दृश्यकाव्य के रूप में रूपक-उपरूपक, नाटकादि की चर्चा तो होती रही लेकिन एक बहुत बड़ा अन्तर आ गया। मूलतः जो उपकरण दृश्यकाव्य के लिए ही थे, उनको भी (नाटक, थियेटर को) श्रव्यकाव्य के रूप में देखा जाने लगा। आगे चलकर इसका परिणाम यह हुआ कि उसे पाठ्यकाव्य के रूप में भी देखा जाने लगा। इस तरह यह क्रम बना—दृश्यकाव्य का श्रव्यकाव्य और पाठ्यकाव्य में रूपान्तरण। यानी नाटक को पढ़कर एकान्त रसास्वादन कर सकते हैं। आज हम कालिदास के नाटक पढ़ते हैं और उनका आनन्द उठाते हैं। इस आनन्द का कोई रिश्ता रंगमंच के साथ नहीं है। यह रसीले आम को केवल सूँघने जैसा आनन्द है, बहरहाल। तो यह रूपान्तरण साफ है—दृश्यकाव्य-श्रव्यकाव्य-पाठ्यकाव्य।

भरत के नाट्य में शब्द की सत्ता है लेकिन पूरी तरह दृश्यकाव्य के सन्दर्भ में सारी मीमांसा अभिनय, रंगमंच तथा दृश्यकाव्य के सन्दर्भ में हुई है, उससे इतर नहीं। नाट्यशास्त्र में वाक् अथवा वाणी पहले तो श्रव्य है, दूसरे उसकी 'वागाभिनय' संज्ञा हो जाती है। काव्य में 'शब्द' की केन्द्रीयता है लेकिन 'नाट्य' में 'वागंग' की, न कि 'वागर्थ' की। वाणी 'वागाभिनय' से युक्त होकर नाटक का रूप लेती है, इसके

बिना वाणी नाटक का रूप ले ही नहीं सकती। वाणी 'वागाभिनय' में रूपान्तरित नहीं हुई, वह कविता अथवा उपन्यास का रूप तो ले सकती है लेकिन नाटक का रूप नहीं ले सकती। यह हम नाट्यशास्त्र से शब्दावली लेकर तथा अभिनय और अभिनेता से संयुक्त होकर समझ रहे हैं, इसके बिना नाटक की संकल्पना नहीं है। नाट्य के जिन ग्यारह अंगों की चर्चा की गयी है, उनमें एक है 'अभिनय'। अभिनय के चार रूप हैं—वाचिक, आंगिक, सात्विक और आहार्य। 'वाचिक' को छोड़कर शेष तीनों का सम्बन्ध 'शब्दार्थ' से नहीं है और 'वाचिक' भी केवल वाचिक नहीं है, वागंग है, वह स्वतन्त्र वाणी की सत्ता नहीं है, इस बात को भी ध्यान में रखने की ज़रूरत है। इसलिए जब हम नाटक की बात करते हैं, तो उसमें दृश्यात्मक उपादान और श्रव्यात्मक उपकरण दरअसल साथ-साथ और एक समान प्रयुक्त होते हैं। अगर नाटक को समझना है, तो पहले यही समझना होगा कि वह 'दृश्यकाव्य' है, फिर वह 'अभिनय' है, तथा फिर यह कि अगर वाणी है भी तो वह 'वागंग' है, वागर्थ नहीं है। इसलिए नाटक में दृश्यात्मक उपादानों और श्रव्यात्मक उपकरणों का साथ-साथ प्रयोग है। उदाहरण के लिए—वह जाता है, राम जाता है, सीता जाती है। 'जाना' क्रिया है। केदारनाथ सिंह की एक कविता है, 'उसने कहा, मैं जा रही हूँ/मैंने कहा—जाओ/यह जानते हुए भी कि जाना/हिन्दी की एक खौफनाक क्रिया है।' बांग्ला अभिनेता-निर्देशक शम्भू मित्र ने कहा, लेकिन कैसा जाना? वह मात्र शब्दार्थ नहीं है। वह अभिनेता रोते हुए जा रहा है, हँसते हुए, या पैर पटकते हुए जा रहा है, या फिर बीच-बीच में रुक-रुक कर जा रहा है, जाते हुए फिर लौटकर, आकर फिर मुड़कर जा रहा है—हम यह कैसे जानें कि वह कैसे जा रहा है? यदि हम 'शब्दार्थ' तक सीमित रहेंगे, तो इन शब्दों के एक या दो अर्थ निकलेंगे। बहुत होगा, तो कविता के सन्दर्भ में कुछ अन्य अर्थ भी निकाल लिए जाएँगे। 'जाना' है, क्रिया को उसको आप 'नाटक' में तब तक नहीं समझ सकते, जब तक 'वागंग' को नहीं समझते। नाटक के सन्दर्भ में 'वागाभिनय' अनन्त सम्भावनाओं को जन्म देता है। हर बार अभिनेता नया अर्थ लेकर मंच पर आता है और इस प्रकार अनन्त छवियों को जन्म देता है, जो 'शब्दार्थ' से भिन्न होता है। 'कैसा जाना?' सिर झुकाकर जाने और सिर उठाकर जाने में बहुत अन्तर है। यह अन्तर 'राम की शक्ति-पूजा' में है—किस तरह सिर झुकाकर राम युद्ध से लौट रहे हैं—यह एक आंगिक क्रिया है। सिर झुका हुआ और सिर उठा हुआ, यह शब्दार्थ-मात्र नहीं है, यह 'वागंग' है, इसीलिए यह कविता इतनी नाटकीय है। स्पष्ट है, भरतमुनि की शब्दावली में हम उसे 'नाटक' नहीं कहेंगे जिसमें वागंग नहीं है, वागाभिनय नहीं है, चाहे उसे जो कहें।

कालिदास नाटक को 'चाक्षुषयज्ञ' कहते हैं। यह भी ध्यान में रखना होगा कि वैदिक यज्ञ से यह 'नाट्यवेद' भी अलग नहीं है। वेदान्त-अद्वैत दर्शन का जब विकास होता है, तो नाट्य की जो ठोस-भौतिक सत्ता थी, उसको किस तरह सूक्ष्म से सूक्ष्मतर कर दिया गया, यह जानी हुई बात है। इसे ऐसा सूक्ष्मतम कर दिया गया कि 'नाट्यरस', 'ब्रह्मानन्द' के रूप में अमूर्त हो गया। भरतोत्तर युग में अलंकारवादियों ने 'नाट्यशास्त्र' के अनेक तत्त्वों की व्याख्या की लेकिन उन्होंने यह व्याख्या 'नाट्य' या रंगमंच के सन्दर्भ में कम की और श्रव्यकाव्य के रूप में ज्यादा की। नतीजा यह हुआ कि नाटक-संरचना की व्याख्या 'पाठ्यकाव्य' की कोटि में की जाने लगी। डॉ. मनोहर काले की बहुत सटीक टिप्पणी है–'नाट्यशास्त्र के एक-एक तत्त्व पर व्याकरण-शास्त्र, व्युत्पत्ति-शास्त्र, न्याय, मीमांसा, वेदान्त, शैवाद्वैत आदि दर्शन-शास्त्रों का इतना प्रबल प्रभाव पड़ा कि यह शास्त्र अपनी स्वतन्त्र सत्ता खो बैठा और अपनी पराजय स्वीकार कर मानो काव्यशास्त्र की शरण में चला गया।' (भारतीय नाट्य-सौन्दर्य, पृष्ठ 14) तो यही ऐतिहासिक विकासक्रम है–दृश्य, श्रव्य और पाठ्य यही कारण है कि आज 'नाटक और रंगमंच' कहने में हमें कोई अटपटापन नहीं लगता इसलिए 'रंगमंच और नाटक' कहकर हमें नयी शुरुआत करनी चाहिए।

इस सन्दर्भ में एक उदाहरण जयशंकर प्रसाद के समय का भी देखना होगा। उस समय के आलोचकों की नज़र में पारसी रंगमंच हीन कोटि का है। प्रस्तुति अच्छी है, रंगमंच अच्छा है, लेकिन उसमें उदात्तता होनी चाहिए, कुछ विराट मूल्य होने चाहिए, आदर्श होना चाहिए, जो उसमें नहीं है, पारसी रंगमंच में अश्लीलता है, फूहड़ता है इसलिए यह रंगमंच हीन कोटि का है। डॉ. मनोहर काले ने अपनी पुस्तक 'भारतीय नाट्य-सौन्दर्य' में भरतकृत नाट्यशास्त्र के एक श्लोक का अनुवाद किया है--"यदि किसी काव्य में उत्कृष्ट कोटि का अर्थ निबद्ध नहीं है, किन्तु अनेक सन्ध्यंगों का सम्यक् समन्वय है, तो इस प्रकार का काव्य भी मंच प्रयोग में 'दीप्त' हो उठेगा, फलतः उसे 'शोभा' ही प्राप्त होगी, इसमें सन्देह नहीं। इसके विपरीत यदि कोई काव्य 'उदात्त' अर्थों से समन्वित तो है, किन्तु सन्ध्यंगों का उसमें अभाव है, तो उसका प्रयोग 'हीन' कोटि का हो जाएगा, अतः वह सज्जनों का मनोरंजन नहीं कर पाएगा।" (पृ. 9) भरत अपनी इस स्थापना में एकदम स्पष्ट हैं। उनके लिए महत्त्वपूर्ण यह नहीं है कि आप वागर्थ में उच्चता प्राप्त कर रहे हैं, या उच्च कोटि के काव्य में उदात्त जीवन-मूल्य प्राप्त कर रहे हैं। भरत मुनि इससे इनकार करते हैं। दरअसल वह रंगमंच ही है जो दर्शकों के सामने जाता है, उनका आस्वाद जगाता है, देखने के सुख को पूरा करता है, वह उच्चकोटि का काव्य न हो, तो भी वह 'नाट्य'

के अन्तर्गत विवेचित है। वैसे भी नाटक प्रयोग की ही विधा है। मैंने स्वयं इसका प्रयोग किया। अपने एक विद्यार्थी से उसका प्रिय संगीत पूछने पर उसने एक फिल्मी गीत को बताया और कहा कि जब भी मैं उदास होता हूँ, अकेला होता हूँ, यही गीत गुनगुनाता हूँ। मुद्दा यह है कि उच्चकोटि का काव्य न होते हुए वह भी इसे गा रहा है, नहीं गाए तो क्या फर्क पड़ने वाला है, गाने की आवश्यकता ही क्या है? मैं 'शब्दार्थ' पर ध्यान नहीं दे रहा हूँ, मैं पूरी तरह 'संगीत' पर ध्यान दे रहा हूँ, जो एक भिन्न रागात्मक मनोभूमि में ले जा रहा है, शब्द माध्यम हैं, उस संगीतात्मक अनुभूति में जाने का। भरतमुनि का निष्कर्ष भी यही है कि हमारे लिए महत्त्वपूर्ण यह नहीं है कि वह रंगमंच उच्चकोटि काव्य-आधारित है, या नहीं है। महत्त्वपूर्ण यह है कि मौजूद दर्शक को वह पूरी दृश्यात्मकता, पूरे श्रव्यात्मक उपकरण, अभिनेता के जादू के साथ जीवन के उस क्षण की नाटकीय अनुभूति कराता है, जो वागर्थ/शब्दार्थ से नितान्त भिन्न है। इसीलिए यदि हम रंगमंच, दृश्यकाव्य से यदि हम प्रस्थान करें, तो नाटकसम्बन्धी उलझनें अधिक स्पष्ट रूप से समझ में आने लगेंगी और इतिहास में लोक रंगमंच, 'इन्दरसभा' और पारसी रंगमंच को सही जगह मिल सकेगी।

नाट्यशास्त्र के बाद के विकास को भी ध्यान में लाने की जरूरत है। जैसा कि पहले चर्चा की जा चुकी है। हमारे यहाँ एक विशाल लोकनाट्य-परम्परा मिलती है, जिसके बारे में जगदीशचन्द्र माथुर ने कहा है कि यह पंचम वेद कहलाने की वास्तविक अधिकारिणी है। जो लुप्त और विस्मृत हो गयी चीजें हैं, वे इस लोकनाट्य में दिखाई देती हैं। दरअसल भरतमुनि ने पहले से चली आ रही लोकनाट्य-परम्परा को शास्त्रीय रूप दिया, जैसे पाणिनि लोकभाषा-आधारित लौकिक संस्कृत का व्याकरण रचते हैं। धीरे-धीरे भरतोत्तर विशेषकर दंडी और भामह के बाद के काल में। शास्त्रीय परम्परा से लोक-परम्परा का विच्छेद होता है, यह विच्छेद इतना बढ़ जाता है कि कहीं भी लोक रंगमंच-परम्परा का जिक्र नहीं है। कबीर मौखिक परम्परा के लोक कवि हैं, इसलिए उनमें 'होय जहँ कहीं स्वाँग-तमासा, तनिक न नींद सताया रे'—जैसी पंक्तियाँ सहज मिल जाती हैं लेकिन मध्यकाल में रचित किसी काव्यशास्त्र की पुस्तक में, चाहे वह अलंकारवादियों की हो, अथवा ध्वनिवादियों की, इस लोकनाट्य-परम्परा की ठिकाने से चर्चा तक नहीं है। शायद वे लोकनाट्य-रूपों को विवेचन योग्य इसलिए नहीं समझते क्योंकि उनकी दृष्टि में वे हीन कोटि के काव्य थे। इसका अर्थ है कि वे भरत की स्थापना के ठीक उलटे चल रहे थे। ऐसा इसलिए भी हुआ कि जो अभिनेय दृश्यकाव्य है और जो अन-अभिनेय श्रव्यकाव्य है—प्रबन्ध काव्य, मुक्तक काव्य आदि—दोनों की मूलतः शब्दार्थ के धरातल पर ही मीमांसा की

गयी। लोकनाट्य-परम्परा की शक्ति क्या है इसकी चर्चा हम आगे करेंगे।

भारतेन्दु ने अपने निबन्ध का शीर्षक दिया—'नाटक अथवा दृश्यकाव्य'। इस निबन्ध का पहला वाक्य है—नाटक का अर्थ है—नट लोगों की क्रिया। नट अर्थात् अभिनेता, नाटक का अर्थ है—रंगस्थ खेल। भारतेन्दु के लिए यह सूत्र उलझा हुआ नहीं है। नाटक 'आख्यायिका' की भाँति श्रव्यकाव्य नहीं है। भारतेन्दु ने नाट्यशास्त्र की परम्परा को सही अर्थों में समझा और वह लोकनाट्य-परम्परा से सीधे जुड़े, वह खुद अभिनय भी करते थे। उन्होंने 'अँधेर नगरी' को केवल खेलने के लिए ही लिखा था। स्वातन्त्र्योत्तर काल में सत्तर-अस्सी के दशक के पहले यह केवल उल्लेख करने योग्य प्रहसन था। भारतेन्दु आधुनिक युग के प्रवर्तक हैं, इसलिए उनकी रचना 'अँधेर नगरी' को इतिहास की पुस्तक में थोड़ी ज्यादा जगह मिल गयी लेकिन सत्यव्रत सिन्हा के इलाहाबाद में किये गये प्रयोग या ब.व. कारंत के सन् 1980 ई. में दिल्ली में किये गये प्रयोग से पहले हिन्दी नाटक-रंगमंच के अध्ययन-अध्यापन में 'अँधेर नगरी' का ढंग से किया गया विवेचन नहीं मिलता। भारतेन्दु-युग का अवतरण सन् 1850 ई. से 1900 ई. के बीच हुआ, रंगमंच पर उसका पुनः अवतरण रंगमंच पर सन् 1980 ई. से 2000 ई. के बीच हुआ। जाहिर है, हिन्दी रंगमंच के इतिहास को कुछ इस नज़रिए से भी देखना होगा।

जयशंकर प्रसाद ने नाटक-रंगमंच सम्बन्धी अपना पहला लेख 1923 ई. में लिखा—'हिन्दी में नाटक का स्थान'। इस लेख में दो जगह उन्होंने 'रंगमंच' शब्द का प्रयोग किया है, वह भी अन्त में। नाटक कहने से उनका काम चल रहा था। 'रंगमंच' शब्द की अलग से ज़रूरत नहीं पड़ रही थी। नाटक अभिनय ही है, वह अभिनय के लिए ही लिखा जाता है। 'रंगमंच' शब्द का प्रयोग करने का एक सन्दर्भ है। भरतमुनि की स्थापना के साथ उसका सम्बन्ध है। प्रसाद ने लिखा—"प्रचार की दृष्टि से भी भाषा को जितनी सहायता नाटकों से मिलती है वह उपेक्षणीय कदापि नहीं। आज के दिन साधारण जनता जिस परिमाण में उर्दू की ग़ज़लों को हृदयंगम कर रही है, वह (परिमाण) जिन्होंने लिपि रूप में उर्दू का स्वप्न भी नहीं देखा, उनकी मुख-गुफा से 'शे'रों' को निकलते हुए देखकर समझा जा सकता है। कम-से-कम मेरा यही विश्वास है कि यह पारसी स्टेज की कृपा है। हिन्दी के उत्तमोत्तम महाकवियों की वाणी इस विषय में अपना अधिकार खो रही है। यह रंगमंच से निकलने वाली उर्दू की पुकार है (यह अद्‌भुत वाक्य है), जो शिक्षित और अशिक्षित सब जनता को अभिनय-भावभंगी द्वारा कठिन शब्दों का अर्थ बताकर आकर्षित कर रही है।" (रंग-दस्तावेज़, खंड-1 के पृ. 86 पर उद्धृत) नाटक दरअसल भावभंगी है, अभिनय

है, यहाँ वाणी वागाभिनय में रूपान्तरित होकर प्रेक्षकों तक पहुँचती है। 'मुगल-ए-आज़म' फिल्म जिन्होंने देखी होगी, उन्हें वह दृश्य याद होगा जिसमें अकबर बने पृथ्वीराज कपूर अपनी दमदार आवाज में कहते हैं—तख़लिया। 'तख़लिया' शब्द का अर्थ उस समय तक मैं नहीं जानता था। फिल्म में दृश्य देखते ही मालूम चला 'तख़लिया' का अर्थ है—एकान्त, मैंने अभी तक इसका अर्थ जानने के लिए शब्दकोश नहीं देखा। फिल्म में जैसे ही कहा जाता है—'तख़लिया', दृश्य में उपस्थित सारे लोग एक-एक कर सिर झुका कर चले जाते हैं। यह 'जाना' तो आंगिक क्रिया है, अकबर का दृश्य में अकेला रह जाना भावभंगी है, यह महत्त्वपूर्ण बात है, जो प्रसाद ने अपने पहले लेख में नोट की है।

प्रसाद के इस लेख में पहली बात तो यह है कि पारसी स्टेज पर व्यंग्य किया गया है लेकिन महत्त्वपूर्ण यह है कि स्टेज की शक्ति पर अलग से बल दिया गया है और वह शक्ति है, वह भाषा, जो हम शब्दार्थतः नहीं समझ पाते। एक अभिनेता अपनी भावभंगी द्वारा उस अनुभूति तक ले जाता है, उसके वागाभिनय में इतनी क्षमता होती है। यहाँ 'शब्दार्थ' काम नहीं करता, दरअसल यहाँ 'वागंग' काम करता है। प्रसाद अपने पहले लेख में अभी तक यहीं हैं, लेकिन प्रच्छन्न रूप से प्रसाद में वे बातें आने लगती हैं जिनसे सूत्र उलझता है और इस उलझन का सम्बन्ध इतिहास की चाल से है। हिन्दी भाषा के दो लक्ष्य हैं। एक लक्ष्य तो यह कि वह ज्यादा-से-ज्यादा प्रसारित हो और प्रसाद के अनुसार 'रंगमंच' उसका माध्यम हो सकता है लेकिन प्रसाद आगे लिखते हैं—'पर हिन्दी का लक्ष्य दूसरा है उसका उद्देश्य ज्यों-ज्यों राष्ट्रीयता की ओर बढ़ रहा है, उसी प्रकार उसका क्षेत्र भी बढ़ रहा है, तब उसमें गँवार पात्रों के मुख से प्रान्तीय (बोलियों) भाषाओं को कहलाकर कथोपकथन को उस तात्पर्य को हानि पहुँचाना होगा जहाँ उसका सम्बन्ध व्यवहार और शिष्टाचार से है। इधर नाटक अभिनय के लिए तो हैं ही, वे सुपाठ्य भी होते हैं अथवा वे श्रव्यकाव्य का भी अभिनय कर लेते हैं।' यह एक बड़ी छलाँग है। शब्द का प्रयोग 'पाठ्य' ध्यान देने योग्य है। पहले प्रसाद कह रहे हैं कि नाटक अभिनय के लिए तो है ही, दरअसल वह मूलतः अभिनय-भावभंगी ही है—यह तो भरतमुनि कह रहे हैं, भारतेन्दु तक यह बात समझ में आ रही है लेकिन प्रसाद में यह परिवर्तन बहुत हलके रूप में दिखाई देता है। यहाँ प्रसाद एक दूसरी बात भी कहते हैं कि हिन्दी राष्ट्रीयता की ओर बढ़ रही है जिसका स्पष्ट मतलब है प्रादेशिकता का बहिष्कार, भरतमुनि की उस स्थापना—'वृत्ति-प्रवृत्ति' का ही बहिष्कार, जिसमें प्रदेश-विशेष के आचार-व्यवहार, वाणी, भाव-भंगी को अपनाने में ही नाट्य-प्रयोग की सिद्धि देखी

गयी। प्रसाद क्या स्थापना कर रहे हैं? अगर कोई पश्तो भाषी है, तो क्या वह पश्तो बोलेगा, अगर कोई पंजाबी भाषी है, तो क्या वह पंजाबी बोलेगा? नहीं। एक मानक, एक शिष्ट भाषा होगी जिसका व्यवहार सब जगह होगा और इसी का पालन उन्होंने किया। प्रादेशिकता को छोड़कर एक कथित 'राष्ट्रभाषा' के प्रयोग के आग्रह ने भी रंगमंच और नाटक के सूत्र को, जो उसके सहज-स्वाभाविक स्थानीयता के सूत्र हैं, उलझाना शुरू कर दिया। दूसरी जो महत्त्वपूर्ण बात है कि नाटक अभिनय के लिए ही नहीं होता बल्कि वह श्रव्यकाव्य का काम भी करता है और 'सुपाठ्य' भी होता है। इतिहास के एक खास मोड़ पर यह अवधारणात्मक उलझन सामने आ रही है। इस उलझन का सम्बन्ध वैदिक-याज्ञिक कर्मकांड और अद्वैत चिन्तन, लोक और शास्त्र, नवजागरण और राष्ट्रवाद इन सबसे है लेकिन यहाँ इस विस्तार में जाने का अवकाश नहीं है।

प्रसाद तेरह वर्षों के अन्तराल में एक दूसरा लेख सन् 1936 में लिखते हैं—'रंगमंच'। यह एक अजीब अन्तर्विरोध है कि उनकी धारणा 1936 ई. तक आते-आते बिल्कुल उलट जाती है और वह अपना यह लेख इस वाक्य पर समाप्त करते हैं—"रंगमंच के सम्बन्ध में भारी भ्रम है कि नाटक रंगमंच के लिए लिखे जाएँ (अब आपको स्वयमेव उत्तर मिल रहा होगा), प्रयत्न तो यह होना चाहिए कि नाटक के लिए रंगमंच हो जो व्यावहारिक है।" व्यावहारिक क्या हुआ, यह तो आपको इतिहास की पड़ताल से पता चलता ही है लेकिन इसका नतीजा क्या हुआ? पाठ्य नाटक एक स्वीकृत धारणा बनी। सेठ गोविन्ददास ने तो यह सगर्व घोषणा ही की कि मेरे नाटक केवल पढ़ने के लिए हैं। इस तरह जो सहज 'दृश्य-काव्य' था, उसका अवधारणात्मक स्तर पर कैसा रूप सामने आ रहा है?

छठे दशक में एक दूसरी स्थिति सामने आती है। ऐसा लगता है कि हम एक आदर्श स्थिति में आ गए हैं। मोहन राकेश जैसा नाटककार 'लहरों के राजहंस' की स्क्रिप्ट लेकर श्यामानन्द जालान जैसे नाट्य निर्देशक के पास कलकत्ता जाकर रहता है और वहाँ रहकर अन्तिम दृश्य में फेर-बदल करता है। यह एक आदर्श स्थिति है। इस तरह साठोत्तरी दशक में नाटक और रंगमंच का अन्योन्याश्रय सम्बन्ध स्थापित हो जाता है, दोनों एक-दूसरे के पूरक बन जाते हैं। अगर नाटक है, तो रंगमंच है और अगर रंगमंच है, तो नाटक है। इस अन्योन्याश्रयता में न तो नाटक ज्यादा महत्त्वपूर्ण है, न रंगमंच। बल्कि दोनों एक-दूसरे के लिए एक-समान महत्त्वपूर्ण हैं लेकिन हम देखते हैं कि बात दरअसल ऐसी नहीं है। बात इतनी ही रहती तो मामला सुलझ जाता और हम आसानी से किसी निष्कर्ष पर पहुँच जाते क्योंकि आगे जब

'कहानी का रंगमंच' विकसित हुआ, कविता और उपन्यास का रंगमंच सामने आया, या नुक्कड़ नाट्य-परम्परा का विकास हुआ, तो यह स्पष्ट हो गया कि 'नाटक' तो रंगमंचीय संकल्पना है ही, लेकिन 'रंगमंच' केवल नाटक निर्भर विधा नहीं है। 1980 ई. के बाद का ऐतिहासिक विकास-क्रम यानी सन् 2009 और उसके आगे यहाँ आकर मैं यह बात कह रहा हूँ। रंगमंच के अनन्त प्रकार हैं, जैसे—मणिपुर के एच. कन्हाईलाल के थिएटर की प्रस्तुति है—'तेतू', जिसमें एक चिड़िया और उसके बच्चों और एक खतरनाक बिल्ले की ध्वनियाँ हैं, जहाँ कोई शब्दार्थ-संसार नहीं, बल्कि वागाभिनय से उत्पन्न अनन्त छवियाँ हैं। बहरहाल, ऐसा कहने का अभीष्ट यह है कि जैसे मोहन राकेश ने माना, या आगे चलकर नेमिचन्द्र जैन जैसे नाट्यालोचकों ने माना, हमने भी यही मान लिया कि नाटक और रंगमंच में अन्योन्याश्रय सम्बन्ध है और दोनों एक-दूसरे पर निर्भर विधाएँ हैं। यह सुनने में बहुत अच्छी धारणा लगती है और हमें लगता है कि अब तक हमारे पुरखों ने जो किया, उसका निपटारा हो गया—नाटक और रंगमंच दोनों समान हैं लेकिन बात दरअसल यह नहीं है। नाटक तो स्पष्टतया रंगमंचीय संकल्पना ही है लेकिन अद्यतन विकास से यही बात पता चलती है कि रंगमंच नाटक निर्भर नहीं है। इस पर जोर देने की ज़रूरत है। रंगमंच एक स्वतन्त्र कला-अनुशासन है, एक स्वतन्त्र विधा है जो दृश्यकाव्य है। अगर भरतमुनि की शब्दावली का सहारा लिया जाए, तो वह शब्दार्श-काव्यार्थ-वागर्थ आश्रित नहीं है बल्कि मूलतः वागंग, वागाभिनय है।

यहाँ जब अन्योन्याश्रयता की बात की गयी, या जब यह कहा गया कि नाटक और रंगमंच—दोनों परस्पर-निर्भर विधाएँ हैं, तब एक बात पर ध्यान नहीं दिया गया, जो मोहन राकेश ने किया। वह यह कि उन्होंने निर्देशक के सुझाव और सलाह से नाटक का अन्तिम दृश्य दोबारा लिखा। राकेश स्वयं पूर्वाभ्यास में मौजूद रहते थे। इसे हमें एक बहुत आदर्श स्थिति के तौर पर देखना चाहिए। रंगमंच के साथ जुड़ना और उसकी तकनीक के साथ जुड़ना आदि-आदि। लेकिन, अन्ततः मोहन राकेश के जो विचार उनके यत्र तत्र लेखों में व्यक्त हुए हैं, उनकी जो समझदारी सामने आती है, वहाँ 'शब्दार्थ' की ही सर्वोपरिता है। नेमिचन्द्र जैन ने भी वही बात कही, जैसा प्रसाद के समय पारसी रंगमंच के सन्दर्भ में कही गयी कि उच्च कोटि का काव्यानन्द मिलना चाहिए, एक आस्वाद जो बहुत मूल्यवान हो, आदर्शमूलक हो, उत्प्रेरणा दे आदि-आदि। कैसी उत्प्रेरणा? कौन इसको तय करेगा कि यह उत्प्रेरणा सही है, या गलत? कह सकते हैं, उस छात्र के फिल्मी गीत गुनगुनाने की संगीतात्मक अनुभूति कथिनत हीन कोटि के शब्दार्थ के चलते गलत है? कौन कहता है कि गलत है?

यह हो सकता है कि आप कहें कि इसमें साहित्य है ही नहीं लेकिन वह विद्यार्थी इसे गुनगुनाकर संगीतात्मक अनुभूति में डूब जाता है, कुछ क्षण तक अपने को विस्मृत कर लेता है और विश्रांति में चला जाता है तो यह जो 'राग' है संगीत में, वही रंगमंच-नाटक में 'अभिनय' है। यह मनुष्य की वह भूली हुई आदिम स्मृति है जो सबके भीतर मौजूद है, अभिनय उसी का स्मरण है। वह वागाभिनय, हरकत, इस तरह से चलना, पैर पटक-पटककर चलना, मचलना और मचल-मचल कर रोना यहाँ अभिनय ही अनुभव है, नाट्यानुभव। इसीलिए जब नाटक और रंगमंच की अन्योन्याश्रयता की बात की गयी अथवा जब यह कहा गया कि दोनों परस्पर निर्भर विधाएँ हैं और अन्ततः 'शब्दार्थ' की सर्वोच्चता है, तब सूत्र एक बार फिर से उलझ जाता है।

अन्त में, इस व्याख्यान की दो-तीन मुख्य बातें रखना चाहूँगा। रंगमंच स्थानीय होता है। वह अपने स्थान से, अपने काल से बँधा होता है, वह स्थान-काल-निरपेक्ष कलानुशासन है ही नहीं। निराला ने भले ही जिस सन्दर्भ में यह पंक्ति कही हो—"मरण को जिसने वरा है, उसी ने जीवन भरा है।" यह 'रंगमंच' पर लागू होती है—मरण में ही अभिनय का अमरत्व है और मैं यह दार्शनिक दृष्टि से भी कह रहा हूँ। रंगमंच में दरअसल रोज़ मरण है, जो दरअसल उसका अमरत्व है क्योंकि वह अपने दर्शकों में अमर हो जाता है। किसी का अभिनय, कोई धुन किसी के व्यक्तित्व का हिस्सा बन जाती है। तो किसी ने बचपन में कोई नाटक देखा था, वह देखने का अनुभव उसके व्यक्तित्व में भूमिका निभा रहा है और अभी तक निभा रहा है। इसीलिए रंगमंच के इतिहास का लेखन उसी तरह नहीं किया जा सकता जिस तरह साहित्य का लिखित विकास होने के कारण किया जाता है।

हिन्दी रंगमंच की लोकधारा

हिन्दी रंगमंच का आरम्भ कब से माना जाए? साहित्येतिहास में इसका उत्तर बहुत सटीक ढंग से नहीं दिया गया है। इस सन्दर्भ में किस बात को लेकर ऊहापोह है, यह अब धीरे-धीरे स्पष्ट होने लगा है। हिन्दी का विद्वत्समाज काफी दिनों तक काव्य अथवा साहित्य की उत्कृष्टता के कुछ निश्चित मानदंड पर चलता रहा है। जो भी इस समाज को हीनकोटि का लगा, वह उसे हाशिए पर डालता रहा है। अब ये अभिव्यक्तियाँ हाशिए पर नहीं हैं, केन्द्र में हस्तक्षेप कर रही हैं और साहित्येतिहास की धारा को मोड़ रही हैं। इसी तरह एक समय 'अभिनय' को भी हीनकोटि का बताया गया था। हम सभी जानते हैं कि कथित सभ्य (भद्र समाज की दृष्टि में) समाज में नाच, नौटंकी, स्वाँग, तमाशा के रचयिता वास्तविकता में हीनजाति के ही थे और ज्यादातर अब भी वे ही हैं जो इन खेलों को जारी रखे हुए हैं। कुछ हद तक लीलानाटक-परम्परा को छोड़ दें, तो हिन्दी क्षेत्र की पूरी सांगीत नाट्य-परम्परा का विस्तार इन्हीं दलित जातियों में है, जिन्होंने बहुत हद तक रंगमंच की इस लोकधारा के धर्मनिरपेक्ष स्वरूप को जिलाए रखा है। वैसे 'लीला' को भी यह तथाकथित भद्र समाज बहुत अच्छे नजरिये से नहीं देखता। सैकड़ों वर्षों तक नृत्यशिक्षा में पारंगत लोगों को 'भाँड़', 'लौंडा' कहना और नर्तकियों को 'वेश्या' अथवा 'रंडी' कहना रंगमंच की हमारी समझदारी के लिए सीमा बन जाता है। इस सीमा को तोड़ने के प्रस्ताव के साथ आगे बढ़ना उचित होगा।

हिन्दी रंगमंच की लोकधारा दरअसल अभिजात वर्ग और भद्र सामन्ती समाज के विरुद्ध एक दर्पभरी घोषणा है। हिन्दी भक्ति काव्य-आन्दोलन के समानान्तर पूरा हिन्दी भाषी क्षेत्र रंगमंच की इस लोकधारा से सिंचित रहा है। स्थान-स्थान पर, बोली-बोली में, पहरावे, बैठने-उठने, भावभंगी में रंगमंच की यह लोकधारा अपना रूप

गढ़ती रही है। भरत के नाट्यशास्त्र की वास्तविक उत्तराधिकारी हिन्दी रंगमंच की यही लोकधारा है। नाट्यशास्त्र में विवेचित वागंग-वागाभिनय का वास्तविक लोक-रूपान्तरण लोकधारा के ये नाट्य ही हैं। इसको उलट कर ऐसे भी कह सकते हैं कि स्वयं भरत के नाट्यशास्त्र के कुछ रूपक पहले से चली आ रही रंगमंच की इसी लोकधारा के रूपान्तरण हैं। उनमें से एक है—'भाण'। इसके लोक-रूपान्तरण को कोई बहुत अच्छी दृष्टि से नहीं देखा गया—भाँड़, भँड़ैती करने वालों को हेयदृष्टि से ही देखा गया। बहरहाल, पाणिनि ने जब अपने व्याकरण की रचना की तो लौकिक संस्कृत का जो मानक रूप सामने आया, उसके मूल में लोकभाषा ही है। इसी तरह लोक और शास्त्र के बीच यह आवाजाही एक नयी तरह की सृजनात्मकता का आधार बनी। हिन्दी रंगमंच की लोकधारा इसका प्रमाण है।

हमारे यहाँ भक्तिकाव्य को लोक-काव्य ही कहा गया है और हजारीप्रसाद द्विवेदी ने तो हिन्दी साहित्य का वास्तविक आरम्भ यहीं से माना है। भक्तिकाव्य दरअसल हिन्दी साहित्य की लोकधारा ही है। इसकी वजह क्या सिर्फ ईश्वरोपासना है, सामन्ती समाज के प्रति विद्रोह की चेतना का विस्फोट नहीं? यह साहित्येतिहास का कोई अनुत्तरित प्रश्न नहीं है। ऐसे में हिन्दी रंगमंच की लोकधारा को लेकर उलझन कहाँ है? दो-तीन उलझनों की अभी चर्चा की जा चुकी है। कुछ और उलझनें भी आगे आयेंगी। इतना तो निश्चित है कि स्वाँग, भगत, माच, ख्याल, वैष्णवनाट्य, लीला नाटक हिन्दी रंगमंच की लोकधाराएँ हैं, जो नाट्यशास्त्र की परम्परा से बहुत कुछ ग्रहण करते हुए भी उससे टक्कर लेती हैं।

प्रायः यह माना जाता है कि उन्नीसवीं शती के मध्य से, भारतेन्दु हरिश्चन्द्र के आगमन के बाद, हिन्दी नाटक-रंगमंच की एक निश्चित परम्परा मिलती है। बारहवीं शती के बाद, संस्कृत के शास्त्रीय रंगमंच के पतन के बाद शून्य है। उसके बाद जो भी नाटक लिखे गये, वे या तो पद्यात्मक संवाद-मात्र हैं, या हीनकोटि के हैं। रंगमंच की दृष्टि से काव्य का हीन या उच्च होना कोई मायने नहीं रखता। भरतमुनि इस मामले में हमसे ज्यादा स्पष्ट थे। भरतमुनि के नाट्यशास्त्र की कुछ पंक्तियाँ हैं जिनके अध्ययन के बाद इस सन्दर्भ में यदि कोई दिमागी उलझन है तो उसे पूरी तरह निकाल देने की जरूरत है। "यदि किसी काव्य में उत्कृष्ट कोटि का अर्थ निबद्ध नहीं है, किन्तु अनेक सन्ध्यंगों का सम्यक् समन्वय है, तो इस प्रकार का काव्य भी मंच-प्रयोग में दीप्त हो उठेगा, फलतः उसे शोभा ही प्राप्त होगी, इसमें सन्देह नहीं। इसके विपरीत यदि कोई काव्य उदात्त अर्थों से समन्वित तो है, किन्तु सन्ध्यंगों का उसमें अभाव है, तो उसका प्रयोग 'हीन' कोटि का हो जाएगा, अतः वह सज्जनों का

मनोरंजन नहीं कर पाएगा।" भरतमुनि के उदाहरणों को बार-बार उद्धृत करने से यदि कुछ लोग कहें कि यह पिछड़ा आदमी है तो मैं यह जोखिम लेने को तैयार हूँ। कई बार संयोग रास्ता दिखा देता है, इतिहास में सारी घटनाएँ पूर्वनिश्चित नहीं होतीं। अध्ययन के क्रम में संयोग से मेरी दृष्टि बदरीनाथ भट्ट के एक लेख पर पड़ी। जून, 1915 के 'सरस्वती' में छपे इस लेख का शीर्षक है—नाटक और नाट्यकला का ह्रास । इसी लेख की कुछ पंक्तियाँ हैं :—"हमलोग नाटक को पढ़कर ही उसके असली आनन्द को प्राप्त करने का व्यर्थ प्रयत्न करने के आदी हो गये हैं। भला, बिना खाये केवल सूँघकर ही किसी ने आम के स्वाद का कभी अनुभव किया है? इसलिए सम्भव है कि पुराने या नये नाटकों के जो दृश्य हमें पढ़ने में अच्छे नहीं लगते वे देखने में अच्छे लगें अथवा जो पढ़ने में अच्छे लगते हैं वे देखने में बहुत लम्बे या और किसी कारण से बुरे लगें। (रंग-दस्तावेज़, खंड-1 के पृ. 139 पर उद्धृत)। इसीलिए रंगमंच के सन्दर्भ में उच्च, या हीनकोटि काव्य का कोई मतलब नहीं रहता। शायद इतिहासकारों को हिन्दी रंगमंच की लोकधारा के नाट्य हीनकोटि के काव्य पर आधारित दिखें, इसीलिए उन्हें संस्कृत रंगमंच के पतन के बाद शून्य ही शून्य दिखा। लेकिन खुली आँखों से देखें तो इस पूरे समय में लोकरंगमंच की रंगीन छटा ही दिखेगी।

दूसरे, यह शून्य इसलिए भी दिखता है क्योंकि अधिकांशतया नाटक पद्यात्मक संवाद मात्र हैं। ऐसे ही इतिहासकारों ने गद्य के विकास के साथ नाटक के विकास को जोड़ दिया। हिन्दी साहित्य के इतिहास अध्येताओं को पता होगा कि आधुनिक युग को 'गद्यकाल' रामचन्द्र शुक्ल ने कहा और यह भी कि गद्य के विकास के साथ ही हिन्दी नाटक का उदय हुआ। यह रंगमंच के लिए नितान्त भ्रान्त धारणा है और जब यहाँ 'रंगमंच' कहा जा रहा है तो उसमें 'नाटक' का अर्थ अन्तर्भुक्त है, गद्य-पद्य का अन्तर कोई मायने नहीं रखता। वाणी 'वागंग' अथवा आंगाभिनय में रूपान्तरित होकर ही नाटक का रूप लेती है, इसमें गद्य-पद्य का भेद नहीं समाता। छाती पर दुहत्थड़ मारकर रोती स्त्री का आलाप होता है, रुदन तो 'आलाप' ही है, क्या यह गद्य-पद्य के भेद में समाता है? हिन्दी रंगमंच की लोकधारा के नाट्य में यह गद्य-पद्य का भेद नहीं समाता।

हिन्दी की विशाल लोकनाट्य-परम्परा से अधिकांश लोग परिचित हैं। इसीलिए एक-एक कर सारे लोकनाट्य-रूपों का परिचय देना आवश्यक नहीं है। ऐसी ढेर-सारी पाठ्य-सामग्रियाँ, पुस्तकें और संकलन हैं, जिनसे हम रामलीला, रासलीला, स्वाँग, भगत, नौटंकी, माच, ख्याल, भवई, भाँड़, नकल, तमाशा, नाचा, गवरी, पंडवानी

आदि के बारे में जानकारी हासिल कर सकते हैं। रंगमंच की लोकप्रियता और हिन्दी भाषा के प्रसार के सन्दर्भ में जयशंकर प्रसाद के मत को हमने देखा कि 'यह रंगमंच से निकलनेवाली उर्दू की पुकार है जो शिक्षित-अशिक्षित सब जनता को अभिनय भाव-भंगी द्वारा कठिन शब्दों का अर्थ बताकर आकर्षित कर रही है।' और साथ ही प्रसाद के सन्दर्भ में राष्ट्रीयता और प्रादेशिकता के अन्तर्विरोध की भी बात की गयी। राष्ट्रीयता और प्रादेशिकता से सम्बन्धित कुछ सवाल भी सामने आये। मेरा मानना है कि राष्ट्रीयता और प्रादेशिकता या क्षेत्रीयता को लेकर हमेशा अन्तर्विरोध हो, यह आवश्यक नहीं है, प्रादेशिकता की रक्षा करते हुए भी राष्ट्रीयता की रक्षा सम्भव है। लेकिन रंगमंच में प्रादेशिकता-जनपदीयता-स्थानीयता की रक्षा के अलावा कोई चारा ही नहीं है, क्योंकि रंगसृजन की भूमि यही है। और यह बात हमेशा ध्यान में रखनी चाहिए कि हिन्दी मूलतः लोकभाषा है। जिस भाषा का मैं इस्तेमाल कर रहा हूँ, वह हमारी अपनी लोकबोलियों से ही रस खींचती है। नागार्जुन ने भारतेन्दु की जन्मशतवार्षिकी पर एक कविता लिखी, 'हिन्दी की है असली रीढ़ गँवारू बोली/यह उत्तम भावना तुम्हीं ने हममें घोली।' भारतेन्दु का 'अँधेर नगरी' नाटक पढ़ने पर हिन्दी की यह मजबूत रीढ़ हमें वहाँ नजर आती है। वैविध्यपूर्ण लोकभाषाएँ ही वह अक्षय स्रोत हैं, जहाँ से हिन्दी अपना रस लेती है। हिन्दी रंगमंच की लोकधारा भी ऐसा ही अक्षय स्रोत है और यही हमारा मूल है, लोकनाट्य ही दरअसल हिन्दी रंगमंच-नाटक के आदिनाट्य हैं, इसी तरह हम अपने इतिहास का खाका खींच सकते हैं।

अनेकानेक लोकनाट्य-रूपों से उदाहरण देने के बजाय सिर्फ 'स्वाँग' और 'भगत' की चर्चा करनी जरूरी होगी। 'स्वाँग' शब्द और स्वाँग नाट्य-रूप की चर्चा बहुत पुरानी है। कबीर की पंक्तियाँ हैं—"होय जहँ कहिं स्वाँग-तमासा/तनिक न नींद सताया रे!" लेकिन बीसवीं शती के एक कवि के जिक्र के साथ यह चर्चा करना जरूरी है। श्रीधर पाठक हिन्दी खड़ी बोली काव्य के प्रथम कवि माने जाते हैं। आज जो हमारी मानक भाषा है, वह इसी खड़ी बोली पर आधारित है और अभी जिस मानक-भाषा पर हिन्दी रंगमंच के विकास के प्रयत्न किये जा रहे हैं, उनमें एक जबर्दस्त अन्तर्विरोध है, श्रीधर पाठक ने हिन्दी साहित्य-सम्मेलन के सन् 1910 के अधिवेशन में अपना एक आलेख भेजा, जिससे प्रेरित होकर बदरीनाथ भट्ट ने 1911 में 'खड़ी बोली की कविता' शीर्षक से एक निबन्ध लिखा। श्रीधर पाठक के वक्तव्य और बदरीनाथ भट्ट के निबन्ध दोनों में लोकनाट्य-स्वाँग और भगत की विस्तार से चर्चा है। ब्रजक्षेत्र में स्वाँग और भगत करने वालों का उल्लेख है। यहाँ पर प्रश्न उठ सकता है कि खड़ी बोली की 'कविता' के सन्दर्भ में 'स्वाँग' और 'भगत' का उल्लेख

करने की क्या आवश्यकता है, यह तो जायका बिगाड़ने वाली बात लगती है। कहाँ 'महान' काव्य-परम्परा और कहाँ यह दो टके का स्वाँग! तो कुछ लोगों को बर्तोल्त ब्रेख्त के नाटक 'थ्री पेनी ऑपेरा' के बारे में पता होगा, जिसे हिन्दी में 'तीन टके का स्वाँग' नाम से खेला गया है! स्पष्ट है कि जिस तरह हम अपनी लोकरंगमंच-परम्परा को देखते रहे हैं, उसको बुनियादी तौर पर बदलने की जरूरत है। उसको बदले बिना बहुत-सारी चीजें हमारी आँखों से ओझल रहेंगी, तब इतिहास के पुनर्लेखन का भी कोई मतलब नहीं रह जाएगा। नजरिये में बिना इस बुनियादी बदलाव के हम कभी भी रंगमंच की लोकधारा की शक्ति से परिचित नहीं हो सकेंगे, स्पष्ट है कि हमें उससे अलग रखा गया, हमें यह बताया गया कि जयशंकर प्रसाद नाटक के सर्वोत्कृष्ट उदाहरण हैं। लेकिन यह नहीं बताया गया कि स्वाँग और भगत, जिनकी यहाँ चर्चा की जा रही है, उनकी कैसी शक्ति है। जब हम खड़ी बोली के नाटकों की चर्चा करते हैं, तब हम 'स्वाँग' और 'भगत' की ओर नहीं जाते। लेकिन खड़ी बोली काव्य का प्रथम कवि इसकी चर्चा आवश्यक समझता है।

अपने-अपने आलेखों में श्रीधर पाठक और बदरीनाथ भट्ट दोनों ने हिन्दी के प्रचार-प्रसार में स्वाँग और भगत खेलने वालों के योगदान को रेखांकित किया है। यह दरअसल कथित राष्ट्रीयता के बरक्स जनपदीय लोकभाषा और रंगमंच की लोकधारा की स्वीकृति है। भगत-स्वाँग की परम्परा के कारण शहरों में क्या दूर-दूर खड़ी बोली की कविता लोकप्रिय हो सकी है। ये स्वाँग और भगत करने वाले कौन हैं, उपर्युक्त आलेखों में इसकी सूचना है, वे संगतराश, कुम्हार, कोली, पंसारी आदि हैं। बदरीनाथ भट्ट के निबन्ध की कुछ पंक्तियों के उदाहरण हिन्दी नाटक-रंगमंच के इतिहास के पुनर्लेखन में दिशा-निर्देशक हैं—"गत वर्ष के सम्मेलन के लिए प्रेषित निबन्ध में पण्डित श्रीधर पाठकजी ने आगरा इत्यादि नगरों में होने वाले 'भगत' नामक तमाशे का जिक्र किया है। इसमें सन्देह नहीं कि 'भगत' के कारण इन शहरों में क्या, दूर-दूर खड़ी बोली की कविता लोकप्रिय हो सकी है। 'भगत' की कविता कहीं-कहीं बहुत अच्छी पाई जाती है।...इनकी कविता भी अधिकतर विशुद्ध खड़ी बोली होती है। ...आजकल की कितनी ही कविताओं से इन अर्द्ध-शिक्षित क्या करीब-करीब अशिक्षित लोगों की कविता में अच्छे भाव तथा अच्छी भाषा पाई जाती है। ये कब से बनते आये हैं, सो किसी को नहीं मालूम। ...यदि इनका शीघ्र ही उद्धार न किधा गया, तो हिन्दी-संसार इन्हें खो बैठेगा। ...हमलोग हिन्दी को राष्ट्रभाषा बनाना चाहते हैं।...पर इन बेचारे स्वाँग और भगतवालों ने (जिनमें कि संगतराश, कुम्हार, कोली, पंसारी आदि भी हैं) न तो

कभी राष्ट्रभाषा किस चिड़िया का नाम है इस पर विचार किया और न खड़ी बोली का साहित्य बढ़ाने ही की इच्छा से रचना की।..."

इन स्वाँगों-भगतों की भाषा देखें। अपने विश्लेषण में बदरीनाथ भट्ट ने कई लोक नाटकों की चर्चा की है और उनकी भाषा के उद्धरण दिये हैं–अमर सिंह राठौड़, दयाराम गूजर, सीताराम चरित्र आदि। यहाँ उनके द्वारा उद्धृत 'सीताराम चरित्र' के कुछ संवादों के उदाहरण से अपनी बात स्पष्ट करना उचित होगा। जनक की सभा में रावण के प्रति बाणासुर का वचन क्या है?

बाणासुर सुनकर कहै, सुन रावण दससीस।
यार सभा से उठ चलो, होय तुम्हारी खीस॥
होय तुम्हारी खीस सुनो दससीस बीस भुजधारी।
शिवपिनाक नहिं उठै, कटेगी आखिर नाक तुम्हारी॥

'कटेगी आखिर नाक तुम्हारी'–ऐसे मुहावरेदार प्रयोग खड़ी बोली के प्राण हैं। दूसरे 'वागाभिनय' का पूरा ठाठ स्पष्ट है, यहाँ तक कि मंच पर पद-संचालन दिखता है और लगता है कि नगाड़े की चोब छन्द के हर 'सम' पर बज उठती है। यह भाषा एक शारीरिक 'थ्रिल' है, केवल शब्दार्थ तक सीमित नहीं है, यह अभिनटन है, जो लोकरंगमंच की जान है। जैसे कोई कवि मूलतः शब्द-संस्कार करता है, अभिनेता 'मनोशरीर' का संस्कार करता है, अभिनय उसकी निश्शब्द कविता है। उसी तरह आगे परशुराम का वर्णन है। धनुष-भंग के समय परशुराम आते हैं और जब सीता की सखियाँ राम से अपना 'भय' व्यक्त करती हैं, तो इस 'भय' में परशुराम के प्रति 'उपहास' का भाव भी है। यहाँ भाषा का तेवर देखने लायक है–

तुम तपसी इसको कहो,
हबसी हमें लखाय।
राक्षस-सा आता चला,
देखो श्री रघुराय॥
राक्षस-सा आता है सामने
देखो श्री रघुकुल मणिराय।
तुम तपसी कैसे बतलाओ,
हमको हबसी पड़ै लखाय॥...

'हब्शी' अरबी भाषा का शब्द है, जो पूर्वी अफ्रीका की एक जाति के लिए प्रयुक्त

होता है। जाहिर है कि यह उस दौर की भाषा है, जब यार, आखिर, हब्शी-जैसे अरबी-फारसी के शब्द हमारी लोकभाषा का सहज अंग बन रहे थे। यहाँ भी 'हब्शी' का दर्शक शब्दकोशगत अर्थ ग्रहण नहीं करता, अभिनेता के वागंग अथवा वागाभिनय से प्राप्त नाटकीय अनुभूति से अर्थग्रहण करता है। एक और बात ध्यान देने की है, वह यह कि यह भाषा पूरी तरह पद्यात्मक है। इसी पद्यात्मक संवाद और भाषा के आधार पर हमारे इतिहासकारों ने इसे 'नाटक' के सन्दर्भ में विवेचन योग्य नहीं माना। लेकिन भाषा के विकास की दृष्टि से, उसकी वचन-भंगिमा, भाव-भंगी और उसमें जो 'वागाभिनय' की क्षमता भरी हुई है, उस दृष्टि से तथा हिन्दी रंगमंच के विकास की दृष्टि से हम इस 'भाषा' से इनकार नहीं कर सकते। और इसका सम्यक् मूल्यांकन किये बिना हिन्दी रंगमंच की लोकधारा का सही विश्लेषण भी नहीं कर सकते। और भगत-स्वाँग करने वाले कौन हैं?—"हमलोग हिन्दी को राष्ट्रभाषा बनाना चाहते हैं। इसलिए इसके बहुत से भक्त कविता करना भी आवश्यक समझते हैं। पर इन बेचारे (?) स्वाँग और भगत वालों ने (जिनमें संगतराश, कुम्हार, कोली, पंसारी आदि भी हैं) न तो कभी राष्ट्रभाषा किस चिड़िया का नाम है, इस पर ही विचार किया है और न खड़ी बोली का साहित्य बढ़ाने ही की इच्छा से काव्य-रचना की।" यह दरअसल लोक-रंगमंच से निकलने वाली खड़ी बोली हिन्दी की पुकार है, वैसे ही जैसे जयशंकर प्रसाद मानते हैं—'यह पारसी स्टेज की कृपा है।...यह रंगमंच से निकलने वाली उर्दू की पुकार है जो शिक्षित और अशिक्षित सब जनता को अभिनय भाव-भंगी द्वारा कठिन शब्द का अर्थ बताकर आकर्षित कर रही है।' भाषा का विकास केवल कवियों द्वारा नहीं हुआ है, रंगमंच के अभिनेताओं के द्वारा भी हुआ है। स्वाँग और भगत इसके प्रमाण हैं। इसका अर्थ है कि रंगमंच की लोकधारा को जाने बिना हम हिन्दी नाटक और रंगमंच के अतीत का मूल्यांकन सही-सही नहीं कर सकते।

सन् 1000 के आस-पास हिन्दी भाषा और उसके उदय का काल माना जाता है। यही वह काल है, जब जनपदीय भाषाओं का विकास होता है। इन जनपदीय भाषाओं—मैथिली, ब्रजभाषा, अवधी, खड़ी बोली आदि के विकास का जो काल है, वही हिन्दी रंगमंच की लोकधारा के विकास का काल है। भाषा में साहित्य-रचना के बहुत पहले रंगमंच पर अभिनेताओं की भाषा के साथ इसका विकास जुड़ा है, इसलिए हिन्दी का हर कवि हिन्दी के इन आदि-अभिनेताओं का ऋणी है। जयशंकर प्रसाद कहते हैं—'कोई भी भाषा अपने विनय और शील तथा सदिच्छा की अभिव्यक्ति के लिए गौरव पा सकती है : और इस शिष्टाचार का प्रथम सोपान भावभंगी और कथोपकथन है जिससे नाटक का संगठन होता है।...समाज के कल्याण से यदि भाषा

का अविच्छिन्न सम्बन्ध है, तो यह मानना होगा कि भाषा में शिष्टाचार का प्रचार करने में नाटक के कथोपकथन बहुत कुछ हाथ बँटाते हैं। (रंग-दस्तावेज़, खंड-1, पृ. 86 पर उद्धृत) हिन्दी भाषा में शिष्टाचार का प्रचार-प्रसार करने वाले इन आदि-अभिनेताओं को इतिहास में जगह तो मिलनी चाहिए।

बारहवीं शताब्दी तक केवल हिन्दीभाषी क्षेत्र में ही नहीं, बल्कि पूरे भारतीय उपमहाद्वीप में जनपदीय भाषाओं के विकास के प्रथम सोपान पर ये लोकनाट्य-रूप विकसित होते हुए दिखाई देते हैं। लीलानाटकों की जो सर्वाधिक लोकप्रिय धारा 'रासलीला' या वैष्णवनाट्य-परम्परा है, उसके विकास का एक सूत्र बिहार के मिथिलांचल से जुड़ा है। मिथिलांचल के एक नाट्यरूप की चर्चा काफी पहले से मिलने लगती है—'कीर्तनिया'। इसका सम्बन्ध 'कीर्त्तन' से है। लेकिन इसका एक इतिहास है कि जब चैतन्य महाप्रभु का विख्यात ब्रजप्रयाण आरम्भ हुआ, तो मिथिलांचल के मार्ग से हुआ। यह प्रयाण दो बार हुआ, पहली बार कम लोगों के साथ, दूसरी बार सैकड़ों अनुयायियों के साथ। मिथिलांचल में 'कीर्तनिया' के सम्पर्क में आने के बाद पश्चिम में 'रासलीला' और पूर्व में 'जात्रा' और आगे चलकर असम में 'भाओनानाट', अंकियानाट-जैसे नाट्यरूप की नींव पड़ी। यह वैष्णव नाट्य-परम्परा के विकास में मिथिलांचल के 'कीर्तनिया' की भूमिका है। मिथिलांचल के एक और नाट्यरूप की चर्चा मिलती है—'बिदापत', जिसे बिहारी तर्ज पर 'बिदापतनाच' भी कहते हैं। जिन्होंने रेणु का उपन्यास 'मैला आँचल' को ध्यान से पढ़ा होगा, उन्हें इस बिदापतनाच के एक-से-एक उदाहरण मिले होंगे। इस नाट्यरूप की शक्ति का पता रेणु को है। पूरे उपन्यास में जगह-जगह भगत, नौटंकी, समदउन, बारहमासा, जोगीरा, फगुआ, भँड़ौवा (भाँड़), चैती, जट-जट्टिन-जैसे जीवन्त लोककला रूपों के उद्धरण भरे पड़े हैं। और इन लोककला-रूप को किन जातियों ने जिलाए रखा है, 'मैला आँचल' के आधार पर आप उनकी भी सूची बना सकते हैं। बहरहाल, 'बिदापतनाच' की जगदीशचन्द्र की पुस्तक 'परम्पराशील नाट्य' में विस्तार से चर्चा है। लेकिन यहाँ 'मैला आँचल' से नौटंकी के एक स्थानीय लोक-रूपान्तरण का जिक्र करना जरूरी है, क्योंकि इसका सम्बन्ध रंगमंच के बारे में बनी हुई हमारी बद्धमूल धारणा, मुक्तिबोध के शब्दों में, हमारी जड़ीभूत सौन्दर्याभिरुचि से है : किर्र र र र घन घन धड़ाम धा, धड़ाम धा! नौटंकी का नगाड़ा बोल रहा है।....कौन खेला होगा? क्या कहा? मस्ताना भगत सिंह! वाह!...दाहिने हाथ में पिस्तौल है और बायें हाथ में बेल के बराबर क्या है? बम! अरे बाप! हाँ, जिसका जो हथियार!...किर्र र र घन-घन-धड़ाम-धा! 'अजी बेटा हम मादरे-बतन भारत का/हमें डर नहीं फाँसी सूली

का...।' किर्र-र-र-धड़ाम-धड़ाम-धड़ाम!...भगत सिंह नाच रहा है। नाचकर स्टेट (स्टेज) के एक कोने से दूसरे कोने पर जाता है। धड़ाम-धा, धड़ाम-धा ताल पर भगत सिंह बमवाले हाथ को दो बार पवलि (पब्लिक) की ओर चमकाता है, मानो बम फेंक रहा हो। और जब-जब वह ऐसा करता है आगे बैठे सभी लोग जरा करवट होकर एक-दूसरे की पीठ के पीछे मुँह छिपा लेते हैं।....कौन डिकाना (ठिकाना), कहीं इधर ही फेंक दे तब?... (मैला आँचल, पेपरबैक्स संस्करण, 1999, पृ. 227) लोकनाट्य हजारों साल की सांगीत नाट्य-परम्परा से जुड़कर भी अपने समय और काल से आबद्ध होता है, यह बात तो महत्त्वपूर्ण है ही, लेकिन अपने समय का क्रान्तिकारी नायक भगत सिंह 'नाच' रहा है, उछल-कूद कर रहा है और मौजूद दर्शकों को भभकी भी दे रहा है--मेरे लिए यह ज्यादा महत्त्वपूर्ण है। भारतेन्दु के दो बंगाली भद्र मित्रों को 'शकुन्तला नाटक' में दुष्यन्त का मंच पर 'मोरी पतरी कमर बल खाय रे' गाकर मटक-मटक कर नाचना बहुत भद्दा लगा था और वह यह कहकर बाहर निकल आये थे कि ये लोग कालिदास के गले पर छुर-फेर रहे हैं। तब से लेकर आज तक हम अपने महान साहित्यकारों की गर्दन की रक्षा ही करते आये हैं! उपर्युक्त सन्दर्भ हिन्दी साहित्येतिहास की पुस्तकों में इतनी बार आया है कि वह हम-जैसे हिन्दी विद्यार्थियों को कंठ हो गया है। पता नहीं, भगत सिंह को मंच पर 'अजी बेटा हम मादरे-वतन भारत का' गाते हुए कमर मटकाते देखना 'क्रान्तिकारियों' के लिए कितना भारी पड़ता होगा, इसका अनुमान लगाया जा सकता है। बहरहाल, यह रंगमंच की लोकधारा की शक्ति की ही एक झलक है, मंचावतार की रंगीन झलक!

जो लोग आज दलित-विमर्श पर शोध कर रहे हैं, उन्हें रंगमंच की इस लोकधारा और उसके दमदार आदि-अभिनेताओं की भाषा की भाव-भंगी देखनी चाहिए। क्योंकि हिन्दी रंगमंच की लोकधारा को इन दलित जातियों ने सुरक्षित ही नहीं रखा, महान आख्यानों का अपना स्वतन्त्र पाठ रचा, उसको एक नयी रंगीनियत दी और अभिनय के नये-नये तरीके ईजाद किये। इस पर स्वतन्त्र शोध की आवश्यकता है। अरस्तू के जिस संकलन-त्रय (थ्री-यूनिटी) की चर्चा हम बार-बार करते हैं, हिन्दी रंगमंच की लोकधारा ठीक उसके विपरीत चली। हमारी हजार वर्ष की जो लोक रंगमंच-परम्परा है, उसमें 'थ्री-यूनिटी' है ही नहीं। यह दर्शकों की कल्पनाशीलता का 'स्पेस' रचनेवाली परम्परा है। इस सन्दर्भ में एक छोटा-सा उदाहरण 'बिदेसिया' नाटक से देखिए। हालाँकि यह नाटक आधुनिक युग का है, लेकिन वास्तविकता में यह लोकपरम्परा का नाटक ही है। बिदेसिया (पति) अपनी प्यारी सुन्दरी (पत्नी) को छोड़कर कलकत्ता चला जाता है। सुन्दरी व्याकुल है, वह बटोही से अपना सन्देश

भिजवाती है। कुछ लोग यह जानते होंगे कि 'बटोही' की भूमिका स्वयं भिखारी ठाकुर निभाते थे। बटोही को छपरा से कलकत्ता जाना है। बटोही मंच पर ही गीत के बीच दो-तीन चक्कर लगाता है और एक जगह थमकर कहता है—आ गईल कलकात्ता। अब बताइए, कहाँ गया काल, और कहाँ गया स्थान, यह अद्भुत रंगमंचीय क्रिया है, जिसमें कई काल और स्थान समा जाते हैं! यह हिन्दी रंगमंच की लोकधारा की असली पहचान है, हिन्दी रंगमंच की वास्तविक उदय-भूमि यही है। मैंने पहले ही निवेदन किया कि मैं अनेकानेक लोकनाट्य-रूपों का परिचय देने नहीं जा रहा, जिस बात पर मेरा जोर है, वह यह कि हिन्दी रंगमंच की लोकधारा ही दरअसल हिन्दी नाटक-रंगमंच का वास्तविक उदय है। वहीं से हमें ऐतिहासिक तिथियों की पड़ताल करनी चाहिए। हिन्दी-रंगमंच का खाका खींचने के लिए वहीं से उदाहरण लेने चाहिए और वहीं से भाषा के विकास को समझने के लिए, जिसको मैं 'वागाभिनय की परम्परा' कह रहा हूँ, नमूने इकट्ठे करने चाहिए।

लोकरंगमंच एक सामुदायिक कला-विधा है। वह स्थानीय, कालबद्ध और साथ ही सामूहिक भी होता है। यह एक समूह से दूसरे बड़े समूह तक पहुँचने की कला है। सृजनात्मक स्तर पर वह एकान्त की रचना नहीं है। लेकिन यह एक बड़ी अद्भुत बात है कि अभिनय की जो कला है, वह 'सार्वजनिक एकान्त' की खोज की ही कला है। हजारों-हजार की उपस्थिति में अभिनेताओं का समूह अपना 'एकान्त' रचता है, जो मजे की बात है कि सार्वजनिक तौर पर हर तरफ से खुला होता है, जिसमें किसी का भी प्रवेश किसी भी समय सम्भव है। लोकरंजन और लोक शिक्षण इस लोकरंगमंच का अनिवार्य पहलू है। यह एक ऐसी प्रदर्शनकारी कला-विधा है जिसमें प्रदर्शन और दर्शक का फर्क नहीं रहता, यहाँ सामुदायिक भागीदारी है, जिसमें अभिनेता और दर्शकों के बीच आवाजाही जारी रहती है। यह वास्तविकता में जितना अभिनेता का है, उतना ही और कई मायनों में उससे ज्यादा दर्शकों का रंगमंच है। जैसे किसी एक शब्द के पीछे कई सौ वर्ष पुराने अर्थ झिलमिलाते हैं, वैसे ही लोकरंगमंच के अभिनेता की एक भाव-भंगी के पीछे सैकड़ों वर्षों की सभ्यता-शिष्टता-संस्कृति की छवियाँ झिलमिलाती हैं। लोकरंगमंच की परम्परा में कोई भी ऐसा नाट्य-रूप नहीं, जिसमें 'विदूषक' की अनिवार्य उपस्थिति न हो, वह गुजरे जमाने को वर्तमान से जोड़ने की अभिनयात्मक सूझ है, कहीं वह लबार, मनसुखा, शेरमार खाँ, तो कहीं बिकटा है। इस समय दुनिया के सबसे बड़े नाटककार-अभिनेता दारियो फो इस विदूषक परम्परा के सबसे बड़े रचनाकार हैं, जिन्होंने इटली के पुराने लोक नाट्यरूप 'कामेदिया-देल आर्ते' से अपने लिए नयी

भूमि तलाश की, जो इस समय जनपक्षीय राजनीति के सन्दर्भ में भी ज्यादा अर्थवान है। इटली की यह लोक रंग-परम्परा वैसी ही है। जैसी हमारी अपनी स्वाँग नाट्य-परम्परा, जिसमें जमकर नकल और भँड़ैती की जाती है। लोकरंग-परम्परा के नाटकों में हम पूरी तरह दो स्तरों पर आस्वाद लेते हैं—एक जीवन का सच है, दूसरा रंगमंच का झूठ है। सच और झूठ के नाट्य का मिला-जुला आनन्द-नृत्य, संगीत और अभिनटन की झूमती लय और भी बहुत कुछ। इतना तो स्पष्ट है कि हिन्दी रंगमंच-नाटक के इतिहास के पुनर्लेखन में इस वक्तव्य से उठने वाले कई बिन्दुओं के विस्तार में जाने की पूरी गुंजाइश है। मुझे लगता है कि हिन्दी रंगमंच की लोकधारा से कई सूत्र लेकर हम अपने इतिहास की पुनर्निर्मिति कर सकते हैं।

आधुनिक हिन्दी नाटक और रंगमंच की लोकधारा का अन्वेषण–I

यह व्याख्यान उन्नीसवीं शती के मध्य से विकसित हिन्दी नाटक और रंगमंच की लोकधारा के अन्वेषण पर केन्द्रित है। आरम्भ में उन कुछ बिन्दुओं का जिक्र करना जरूरी है, जो आज व्याख्यान के लिए निश्चित किए गए हैं। इन बिन्दुओं का क्रम जिस तरह से आगे बढ़ेगा वह इस तरह है—इन्दरसभा, भारतेन्दु हरिश्चन्द्र, माधव शुक्ल, जयशंकर प्रसाद, पारसी रंगमंच, भारतीय जननाट्य संघ (इप्टा) और भिखारी ठाकुर। मुख्यतः यह स्वतन्त्रता-पूर्व के हिन्दी नाटक-रंगमंच की लोकधारा के अन्वेषण का प्रयास है। अनेकानेक नाट्यधाराओं, नाट्यलेखन की प्रवृत्तियों एवं इस पूरे दौर में आये उन अनेकानेक नाटककारों का उल्लेख शायद इस व्याख्यान में न आये। मैं कोशिश करूँगा, उन बातों का जिक्र न हो, जिनका विशद आकलन हिन्दी साहित्येतिहास एवं नाटक-साहित्य की ढेर-सारी पुस्तकों में पहले से विद्यमान हैं। मैं यह मानकर चल रहा हूँ कि वे सारी जानकारियाँ आपको हैं, जो आवश्यक हैं। आज के व्याख्यान में मेरा प्रस्ताव अब तक हुए साहित्येतिहास लेखन से कितना भिन्न है, यह शायद मैं भी ठीक से नहीं जानता। इतने वर्षों तक रंगमंच-नाटक का अध्ययन-अध्यापन करते, नाट्यमंचन में हिस्सेदारी लेते हुए, मैं जो कुछ भी इस सन्दर्भ में समझ पाया हूँ, उसे आपके सामने रख रहा हूँ। किसी नाटककार का उल्लेख न होने, अथवा किसी महत्त्वपूर्ण नाट्यधारा को व्याख्यान में छोड़ देने का अर्थ यह नहीं कि मैं उसकी महत्ता को कम आँक रहा हूँ, बल्कि इसका अर्थ सिर्फ यही है कि गत दो दिनों से मेरे व्याख्यान का जो सिलसिला चल रहा है, आज मैं उसी को आगे बढ़ा रहा हूँ। मेरा प्रयास बस यही है कि कुछ अनदेखे पहलू सामने आ सकें।

हिन्दी रंगमंच की लोकधारा प्राचीन भारतीय रंगमंच-परम्परा की वास्तविक उत्तराधिकारी है। आधुनिक हिन्दी नाटक और रंगमंच का विकास इस लोकधारा की निरन्तरता में है। साहित्य, नाटक और रंगमंच की हमारी अब तक विकसित समझदारी कई बार हमारी सीमा बन जाती है, और कला-साहित्य की सर्वोत्कृष्टता की कुछ ऐसी बद्धमूल-निश्चित धारणाएँ बन जाती हैं, जो हमें अपनी रंग-परम्परा से दूर ले जाती हैं। हिन्दी भाषा को लेकर भी हमारा नजरिया कई बार द्विविधाग्रस्त नजर आता है और लोकभाषा की विशाल सम्पदा, उसकी मौखिक परम्परा को लेकर एक द्वैत बना रहता है।

यही वजह है कि अभी तक यह माना जाता रहा है कि गद्य के अभाव में नाटक का विकास सम्भव ही नहीं था, इसलिए भारतेन्दु युग से हिन्दी नाटक़ की वास्तविक शुरुआत हुई, अथवा कथित रूप से हीनकोटि के काव्य की वागाभिनय में रूपान्तरित प्रस्तुति एक घटिया दर्जे की चीज है, या शिष्ट और लिखित साहित्य-संसार से इतर भदेस, गँवारू, मौखिक लोक-परम्परा में ऐसा कुछ विशिष्ट नहीं है, जो आधुनिक मानव के संवेगों, उलझनों, अन्तर्विरोधों का वहन कर सके। यह बात तो तय है कि जिस तरह शताब्दियों से हाशिए पर पड़ी जातियाँ केन्द्र में हस्तक्षेप कर नये विमर्शों को जन्म दे रही हैं, उसी तरह साहित्येतिहास-लेखन के लिए अब तक किनारे पड़ी लोक-अभिव्यक्तियाँ चुनौती बन रही हैं और नया रास्ता भी दिखा रही हैं। जाहिर है, दिमागी जाले को पूरी तरह झाड़कर ही हम इस दिशा में आगे बढ़ सकते हैं।

उन्नीसवीं शती के मध्य में गुलामी, सामाजिक पिछड़ापन, अन्धविश्वास में जकड़ा समाज, साम्प्रदायिक बहस, राष्ट्रवाद, हिन्दी-उर्दू की खण्डित परम्परा, या इसी तरह की अन्य बातें हमें ज्ञात हैं। पूर्व-व्याख्यान में मैंने बार-बार यह दुहराया है कि नाटक मूलतः और अन्ततः एक रंगमंचीय संकल्पना है और रंगमंचीय उत्कृष्टता का कोई सीधा रिश्ता काव्य की हीनता या उच्च्ता से नहीं है। यह एक प्रदर्शनकारी तात्कालिक स्थानीय वागाभिनय आधारित-सामुदायिक कलासृष्टि है। काल के प्रवाह में छनकर केवल उपलब्ध 'उत्कृष्ट' काव्य के आधार पर हम अपने रंगमंच के इतिहास का आकलन नहीं कर सकते। ऐसे में यह इतिहास हमारी समझ में नहीं आता और हम बहुत आसानी से एक कथित 'अन्धकार-युग' या 'शून्य' की कल्पना कर लेते हैं। हमें रीतिबद्ध कवियों की लिखित रूप में उपलब्ध उन अनेकानेक कविताओं से कोई परेशानी नहीं होती, और अब तो बिल्कुल नहीं होती, जिनमें कई ऊहात्मक अभिव्यक्तियाँ हैं, मांसलता, चुटीलापन और एक खास तरह का हल्कापन है या नायिका के सौन्दर्य को लेकर ऊँचे-ऊँचे कुलाबे मिलाए गये हैं। हमें अब इन

सबसे परेशानी नहीं होती और प्रचुर मांसलता, ऐन्द्रियता, वासनात्मक अभिव्यक्तियों का हम वाजिब मूल्यांकन का प्रयास करते हैं। लेकिन नाटक-रंगमंच के क्षेत्र में आते ही हमें हीनता, छिछलापन, लोकप्रियता के लटके-झटके, ऊहात्मकता, फूहड़ता-बहुल बातें परेशान करने लगती हैं, राजा दुष्यन्त का मंच पर मटकना भद्दा लगने लगता है और महाकवियों की गरदन पर छुरी न फिर जाए, इसकी चिन्ता सताने लगती है। 'इन्दरसभा' उन्नीसवीं शताब्दी की ऐसी ही परेशान करने वाली रचना है और आज मैं अपनी बात इसी से शुरू करूँगा तथा एक-एक कर कुछ उदाहरण देकर उन बातों को सामने लाने की कोशिश करूँगा, जो अब तक अलक्षित रही हैं—से शुरुआत करते हैं। 'इन्दरसभा' में सैकड़ों वर्षों की हिन्दी लोक रंग-परम्परा की अनिवार्य उपस्थिति।

'इन्दरसभा' सन् 1852 में रचा गया। कई बार यह गलतफहमी हो जाती है कि 'इन्दरसभा' का सम्बन्ध नवाब वाजिद अली शाह के दरबार से था यानी कि यह दरबारी रंगमंच था। दरअसल 'इन्दरसभा' दो साल तक मेहनत करने के बाद तैयार किया गया, खेला गया और उसने, अगर हम उर्दू की शब्दावली का प्रयोग करें, तो 'अवामी स्टेज' का रूप ले लिया, जनता के रंगमंच का रूप ले लिया और इतना लोकप्रिय हो गया कि जर्मन भाषा में उसी समय उसका अनुवाद हुआ। फिर गुजराती और अनेकानेक भारतीय भाषाओं में उसका अनुवाद हुआ। अमानत लखनवी के इस नाटक की प्रस्तुति उनके कुछ मित्रों (अमानत ने दो मित्रों का उल्लेख किया है) की दो साल की मेहनत से लखनऊ में हुई। अगर इस रचना की ठीक से जाँच-परख करें, तो एक बात स्पष्ट होगी कि मध्यकाल के लोकरंगमंच की परम्परा और आधुनिक युग में विकसित पारसी रंगमंच के बीच 'इन्दरसभा' एक कड़ी की तरह दिखेगी। कुछ परेशानियाँ होंगी, लेकिन इनसे गुजर कर ही हम समझ पाएँगे कि मेरा यह प्रस्ताव ठीक-ठीक क्या है? यह जो 'इन्दरसभा' रचा गया, जैसा मैंने अभी कहा हिन्दी रंगमंच की लोकधारा से सम्बद्ध है जिससे हमारा आधुनिक नाटक-रंगमंच विकसित हुआ। इस पर लीलानाटक-परम्परा, भँड़ैती, भगत का स्पष्ट प्रभाव है, दूसरी तरह उर्दू की नागर-परम्परा की दास्तानगोई—मर्सियाख्वानी और मुजरे की महफिल के तत्त्व इसमें स्पष्ट झलकते हैं। 'इन्दरसभा' हजार वर्ष से चली आ रही, लोकरंग-परम्परा और उर्दू नागर-परम्परा के गठबन्धन का परिणाम है। हिन्दी-उर्दू की यह समन्वित परम्परा जो आरम्भ में खड़ी बोली में रचित स्वाँग के खेलों या नौटंकी में है, यह समन्वित रंग-परम्परा नया कलेवर लेकर 'इन्दरसभा' में प्रकट हुई। भारतेन्दु के रंग-व्यक्तित्व और पारसी रंगमंच के स्वरूप की बहुत-सी जटिलताएँ

'इन्दरसभा' के रंगतन्त्र को समझे बिना अनसुलझी रह जाती हैं। यहाँ हमें हिन्दी-उर्दू-अवधी-ब्रज बोलियों की मिठास मिलती है तो ग़ज़ल-कव्वाली की तर्जे-खास मिलती है, इसमें ठुमरी, कजरी, होली, सावन और बिहाग की बंदिशें हैं। इस तरह 'इन्दरसभा' उन्नीसवीं शती तक विकसित हिन्दी रंगमंच की लोकधारा की प्रतिनिधि रचना है। 'इन्दरसभा' उन्नीसवीं शती के अवध की राजधानी लखनऊ की रंगीन शाम का जलवा है इसका उद्धरण देखना काफी रोचक है। जब सारी महफिल लोगों से भर जाती है और आधी रात आती है, तब हर शख़्स क़रीने से पीछे हटाया जाता है। आगे कुर्सियाँ रखी जाती हैं। तख़्त बिछाया जाता है।....हर शख़्स ऐन इश्तियाक़ में चश्मे-इन्तज़ार होता है। साज़िंदे महफ़िल में आकर खड़े होते हैं।...सुर्ख़ पर्दा ज़रदार मिस्लका मलिका-ए-शफ़क गुलनार महफ़िल में ताना जाता है, राजा इन्द्र पर्दे के पीछे आके ठहर-ठहरकर घुँघरू बजाता है—सारंगी चिकारे से मिलाई जाती है। आमद इस तरह गायी जाती है :

सभा में दोस्तो इन्दर की आमद आमद है
परीजमालों के अफ़सर की आमद आमद है।

परियों के अफसर का नाम है—इन्दर। जाहिर है, यह 'स्वर्गाधिपति इन्द्र' का ही लोक-रूपान्तरण है, लेकिन परीस्तान का सम्बन्ध मसनवियों से है और अफ़सर इन्दर के दो रखवाले भी हैं—लालदेव और कालादेव। ये 'देव' ईरानी परम्परा के हैं—राक्षसनुमा। एक तरफ भारतीय आख्यान-परम्परा, तो दूसरी तरफ मसनवियों की, ईरानी संस्कृति की परम्परा दिखती है, लेकिन इसका केन्द्रीय स्थल हिन्दुस्तान है। इन्दरसभा की सब्ज़परी को अपना नायक हिन्दुस्तान में मिलता है। पुखराजपरी, नीलमपरी, लालपरी—सभी परियाँ लाजवाब हैं, लेकिन 'सब्ज़परी' सबसे अलग है : "इधर का हाल तो इधर रखो, उधर का माजरा सुनो, कि सब्ज़परी बाग़ से अबरन सोलह से सिंगार करके जो अपने बाग़ से उड़ी तो चाँदनी की कैफ़ियत देखती हुई हिन्दोस्तान की तरफ मुड़ी। अजब चाँदनी का वफूर था कि ज़माना पुरनूर था—वो छिटकी हुई चाँदनी जा-बजा/वो जाड़े की आमद वो ठण्डी हवा। ..." जैसे-जैसे वह हिन्दुस्तान की तरफ बढ़ती है, उसके दिल में दर्द पैदा होता है, जब वह एक सरसब्ज़ बाग पहुँचती है तो उसे—"तख़्त से उतरकर क्या आलम नज़र आया कि सबको कारे-दुनिया फरामोश हैं—नींद के नशे से बेहोश हैं, पिछला पहर, नूरे क़मर, हवा की सनक, घड़ियाल की खनक, दरख़्तों की पत्तियों का मौजे-नसीम से आहिस्ता-आहिस्ता खड़कना, जुगनुओं का चाँदनी में हवा पर चमकना, सकते में दरो-दीवार..."

मुक्तिबोध की कविता 'भूल-ग़लती' को याद कीजिए : भूल-ग़लती/आज बैठी है जिरह-बख़्तर पहनकर/तख़्त पर दिल के/...खड़ी हैं सिर झुकाए/सब क़तारें/बेजुबाँ बेबस सलाम में... ।आप कैसे काट सकते हैं उर्दू की इस शानदार-नाटकीय परम्परा को हिन्दी साहित्य, हिन्दी नाटक की, या रंगमंच की परम्परा से? क्या इस परम्परा को आत्मसात किये बिना मुक्तिबोध के लिए यह भाषाई तेवर मुमकिन है? सब्ज़परी आगे बढ़ती है, तो देखती है—"फर्श के किनारे पर एक पलंगड़ी बिछी हुई है। एक नाज़नीन सफ़ेद जोड़ा पहने हुए पानदान खोल के पान लगा रही है। नींद जो आयी तो एक हाथ में पान रहा, एक हाथ में चमची रही। ठण्डी हवा के झोंके से ऐसी बेहोश हो गयी कि पट्टी पर सर रखकर सो गयी। यह देखके पलँग पर जो पाँव रखा तो हकदक हो गयी। देखा कि एक शहज़ादा चाँद से नूर में ज़्यादा तेरह-चौदह बरस का सिन, ऊरूज़े-हुस्न के दिन, इस तरह मतवाला नींद में सो रहा है कि गर्दन तकिये से गिरी हुई है, मछली बाजू की फिरी हुई है—पान दहने-नाजुक में चबे हुए हैं—हार शाने के तले दबे हुए हैं—फूलों की हर रग रुख़्सारे-नाजुक में गड़ी हुई है, लट जुल्फ़े-अम्बरीं की चेहरे पर पड़ी हुई है—एक हाथ सीने पर, एक हाथ घुटने के नीचे रखे बेख़बर सो रहा है कि फ़लक उसकी अनोखी नींद के अन्दाज़ पर निसार हो रहा है। बक़ौल शायर—क्या फैल फैल सोते हैं आशिक़ का डर नहीं/बारह बरस का सिन है अभी कुछ ख़बर नहीं यह हाल देखकर सब्जपरी को ताब न रही। बेताब होकर शहज़ादे के मुँह पर मुँह रख दिया।"... (रंग-दस्तावेज़, खंड-दो, पृ. 165 से 169 पर उद्धृत)

'इन्दरसभा' की यह जो नाटकीय-भाषाई शक्ति और तेवर है, वह दरअसल हिन्दी-उर्दू की समन्वित वाक् परम्परा है और लोकरंग-परम्परा और नगरीय बोध की मिली-जुली अभिव्यक्ति, उसको समझाने के लिए ये कुछ उदाहरण आपके समक्ष रखे गये थे। इससे यह पता चलता है कि हिन्दी-उर्दू की यह समन्वित वाचिक-परम्परा आधुनिक नाटक और रंगमंच के विकास में महत्त्वपूर्ण भूमिका निभाती है, जो अपनी चरम परिणति तक सौ साल बाद हबीब तनवीर के रंग-व्यक्तित्व में पहुँचती है। आप देख सकते हैं, इस रंग-परम्परा की भाषाई नाटकीयता, तेवर और उसकी गतिशीलता को। सब ही आप देख सकते हैं—भाषा में अन्तर्निहित उसके संगीत तथा अभिनय के वेग और नाटकीयता के ठाठ को, वाणी को वागाभिनय में रूपान्तरित होते हुए, यही 'थिएटर' है।

भारतेन्दु हरिश्चन्द्र के आगमन से पूर्व हिन्दी रंगमंच की लोकधारा के अनेकानेक नाट्यरूप-स्वाँग-भगत-नौटंकी, लीला नाट्य, माच-ख्याल-भवई, भाँड़-भँड़ैती, नकल-तमाशा, बहुरूपियों के खेल मौजूद थे और इनके खेले जाने की एक अटूट शृंखला

मौजूद थी। लोकभाषाओं, नृत्य, संगीत, अभिनटन की मिली-जुली विधा एक नये रंगमंचीय मुहावरे के तौर पर भारतेन्दु के सामने थी, 'इन्दरसभा' की लोकप्रियता और पारसी थिएट्रिकल कम्पनियों के छिट-पुट प्रयास को वह निकट से देख रहे थे। साथ ही एक जटिल समाजार्थिक स्थिति भी सामने थी। इस सन्दर्भ में राष्ट्रवाद, हिन्दी-उर्दू को लेकर चलने वाली साम्प्रदायिक बहस, एक राष्ट्रभाषा—हिन्दी का प्रचार-आन्दोलन, भद्र बंगाली समाज का हिन्दी बौद्धिकों पर प्रभाव, नवजागरण के अन्तर्विरोध आदि-आदि बातों पर जरूर ध्यान देना होगा।

भारतेन्दु का अभिनय और नाट्यलेखन एक साथ शुरू हुआ। 3 अप्रैल 1868 को 'जानकीमंगल' के मंचन में लक्ष्मण की भूमिका अभिनीत करना और इसी वर्ष 'विद्यासुन्दर' का बँगला भाषा से छायानुवाद करना। इसके कुछेक उदाहरण हैं—शीतलाप्रसाद त्रिपाठी के 'जानकीमंगल' से यहाँ अधिकांश लोग परिचित हैं। यह एक तरह से तुलसीकृत 'रामचरितमानस' के दोहों-चौपाइयों और उपलब्ध रामलीला-परम्परा के कुछ तत्त्वों के आधार पर किया गया एक स्वतन्त्र नाट्य-रूपान्तरण है। और जैसा कि भरतकृत नाट्यशास्त्र में बताया गया है कि यदि आपको नाट्य-प्रस्तुति के लिए सुसंगत आलेख नहीं मिलता, तो आप 'लोक' में जाएँ अथवा 'काव्य' में जाएँ। 'जानकीमंगल' उसी परम्परा का नाटक है। 'विद्यासुन्दर' के बारे में बताया गया है कि बंगाल में इस नाम से उस समय 'जात्राएँ' खेली जाती थीं। जो बात यहाँ की है, वह यह है कि भारतेन्दु में रंगमंच-नाटक का सूत्र उलझा हुआ नहीं है। यद्यपि अपने सारे मौलिक-अनूदित नाटकों को उन्होंने नाट्यशास्त्रीय परम्परा के अन्तर्गत नाट्यपरासक, भाण, प्रकरण, प्रहसन आदि श्रेणी में परिगणित किया, लेकिन उनके सारे प्रमुख नाटक लोकरंगमंच-परम्परा की युक्तियों से प्रेरित हैं। भारतेन्दु के तीन नाटकों की मुख्य रूप से चर्चा करते हुए अपनी बात आगे बढ़ाना उचित होगा, वे हैं—'वैदिकी हिंसा हिंसा न भवति', 'भारत-दुर्दशा' और 'अंधेर नगरी'। ये तीनों नाटक खूब पढ़े गये हैं, पढ़ाये गये हैं, 'अँधेर नगरी' तो हिन्दी का एकमात्र बहुमंचित नाटक है, हम इन सबसे परिचित हैं। अगर इन रचनाओं को ध्यान से देखें, तो इनका सही मूल्यांकन हो ही नहीं सकता, अगर इनके रंगतन्त्र पर पड़े लोकरंगमंच के प्रभाव की सही व्याख्या न की जाए।

यह बात सबकी जानी हुई है कि गीत-संगीत-नृत्य हिन्दी रंगमंच की लोकधारा का प्राण है, आगे चलकर यथार्थवाद और रंगमंच पर स्वाभाविकता के नाम पर इसका बहिष्कार हुआ। 'वैदिकी हिंसा हिंसा न भवति' की शुरुआत ही नृत्य-गीत-संगीत से होती है। चर्चरी ताल में पुरोहित नाचता हुआ आता है : धन्य वे लोग जो मांस

खाते। 'चर्चरी' एक ऐसा लोकप्रिय ताल है, जिसमें आज भी हिन्दी भाषी क्षेत्र ग्रामीण अंचलों में मुख्यतः शिव की स्तुति होती है। भारतेन्दु 'नृत्य' का इस्तेमाल ठीक 'स्वाँग' की तरह स्थितियों पर व्यंग्य या पात्र का उपहास उड़ाने के लिए करते हैं। नाटक के तृतीय अंक में राजपथ पर पुरोहित मदिरा पिये हुए आता है और, जैसा भारतेन्दु का रंगसंकेत है, वह गिरता-पड़ता-नाचता है और अन्त में नाचता ही अचेत हो जाता है। नाटक का चतुर्थ अंक तो पूर्णतः नृत्य-गीत-संगीत पर ही आधारित है। भारतेन्दु ने जिस तरह इस अंक की दृश्य-योजना की है, वह स्वाँग-जैसे लोकनाट्य में की जाती है, इसे असंगत या एब्सर्ड दृश्य-योजना भी कह कहते हैं। इस एब्सर्डिटी का कोई सम्बन्ध पश्चिम से नहीं है, इस असंगत संवाद, दृश्य, योजना का सीधा सम्बन्ध 'स्वाँग'-जैसी नाट्यपरम्परा से है, जिसमें लोक कलाकार खुलकर सामाजिक विद्रूपताओं का उपहास उड़ाते हैं। भारतेन्दु भाषा को भी असंगत बनाते हैं तथा नृत्य को भी असंगत शैली प्रदान करते हैं। उर्दू और ब्रजभाषा का एक साथ धड़ल्ले से प्रयोग करते हैं। भले नाटक का परिवेश पौराणिक हो, लेकिन मन्त्री अकस्मात् अंग्रेजी बोलने लगता है। यह लोकरंगमंच की अद्भुत युक्ति है, जिसमें अभिनेता समसामयिक व्यंजना के लिए आशुरचना (इम्प्रोवाइजेशन) करने लगता है—"मन्त्री उठकर राजा का हाथ पकड़कर गिरता-पड़ता-नाचता और गाता है—बहार आयी है, भर दे बाद-ए-गुलगूँ से पैमाना। ...ड्रिंक डीप ऑर टेस्ट नॉट दि पीयरियन स्प्रिंग..." मैं इस नाटक में भारतेन्दु के वैष्णव उद्देश्य को कोई अतिरिक्त अर्थ नहीं देना चाह रहा हूँ, मेरा अभीष्ट केवल इतना है कि भारतेन्दु जिस तरह दृश्यों-गीतों-नृत्यों की योजना कर रहे हैं, वह काफी 'थिएट्रिकल' है और उसकी रचना के लिए वे लोकरंग-युक्तियों का अद्भुत प्रयोग कर रहे हैं, जिससे नया रचना-तन्त्र सामने आ रहा है। कथा चाहे पौराणिक हो, या ऐतिहासिक, अगर लोक-रंगमंच का कलाकार उसे पेश कर रहा है, तो वह तत्काल कुछ भी आशु-रचना कर सकता है, आप 'कथा' की ऐतिहासिकता को लेकर कितना भी सिर धुनिए, "वैदिकी हिंसा...का परिवेश पुराना है, जिसमें राजा है, पुरोहित है, यमपुरी में यमराज और चित्रगुप्त भी हैं। यमराज चित्रगुप्त से पूछते हैं—प्रतिष्ठा कैसी? धर्म और प्रतिष्ठा में क्या सम्बन्ध? चित्रगुप्त जवाब देते हैं—महाराज, सर्कार अँगरेज के राज में जो उन लोगों के चित्तानुसार उदारता करता है, उसको 'स्टार ऑफ इंडिया' की पदवी मिलती है" यहाँ भारतेन्दु बाबू का कटाक्ष स्पष्ट है। लेकिन मैं यह संकेत कर रहा हूँ कि भारतेन्दु को यह 'युक्ति' लोकरंगमंच की परम्परा से मिल रही है।

अब राजस्थान की 'ख्याल-स्वाँग' की परम्परा से दो उदाहरण देखना सही होगा।

ख्याल-स्वाँग का एक लटका है—'चूरन का लटका—चूरन बना मसालेदार/थोड़ा मुँह में लीजे डार।' स्पष्ट है कि यह उदाहरण 'अँधेर नगरी' के उस अंश की ओर संकेत है, जहाँ भारतेन्दु कहते हैं—'चूरन साहब लोग जो खाता/सारा हिन्द हजम कर जाता।' हमारे यहाँ 'बहुरूपियों' की एक लम्बी परम्परा है। राजस्थान के एक सुप्रसिद्ध बहुरूपिए, परसा राम के संवाद संगृहीत हैं—'अतर लीजिए अतर। अतर हीनो, केवड़ो, गुलाब-आणी अतर में रीप्यो तोल।' अन्धेर नगरी 'टके सेर' में इसी संवाद की अनुगूँज है। बाजार का पूरा दृश्य जैसे अनेक बहुरूपियों का स्वाँग ही है। अलग-अलग रूप हैं, अलग-अलग भाषाएँ और अलग-अलग भावभंगी-यथार्थ जीवन और मनुष्य का बहुरूप।

'भारतदुर्दशा' का आरम्भ ही गीत से होता है। 'माच' की नाटकीय शैली इस नाटक में अपना पूरा कमाल दिखाती है। भारतदुर्दैव और उसके सारे सिपहसालार मंच पर अपना परिचय देते हुए प्रवेश करते हैं—हमारा नाम है सत्यानास/आये हैं राजा के हम पास/धर के हम लाखों का भेस/किया चौपट यह सारा देस। साथ ही नाटक पर 'स्वाँग' और नौटंकी का प्रभाव भी है—दुनिया में हाथ-पाँव हिलाना नहीं अच्छा.../मिल जाए हिन्द ख़ाक में हम काहिलों को क्या/ऐ मीर रंज-फर्श उठाना नहीं अच्छा। यह भाषाई परम्परा 'इन्दरसभा' में देखने को मिलती है। और भी कई नाटकों के उदाहरण दिये जा सकते हैं। 'चन्द्रावली' पर रासलीला का प्रभाव है, 'नीलदेवी' पर नौटंकी का आदि-आदि। इसका निष्कर्ष यह नहीं है कि भारतेन्दु के रंगतन्त्र पर संस्कृत और आधुनिक बांग्ला, या अँगरेजी रंगमंच का कोई प्रभाव नहीं था। कहने का आशय यह है कि आधुनिक नाटक-रंगमंच के विकास के समय रंगमंच की लोकधारा निर्णायक भूमिका निभा रही थी। इससे यह पता चलता है कि भारतेन्दु अभिनेता, प्रस्तोता तथा एक रंग-शैली के आविष्कर्त्ता थे और हिन्दी रंगमंच की हजार वर्ष की लोकधारा के आधुनिक व्याख्याकार थे।

माधव शुक्ल भारतेन्दु-युग की समाप्ति तक सक्रिय हो गये थे। यह भी मूलतः अभिनेता और नाट्यनिर्देशक ही थे। यह वही थे, जिन्होंने अपने महाभारत नाटक में 'गणेशवंदना' के साथ 'तिलक-वंदना'-जैसा नाट्यक्षेपक डाला था। उन्होंने 'सीय-स्वयंवर' नाटक लिखा था, जिसके मंचन में वह प्रायः राजा जनक की भूमिका में मंच पर उतरते थे। एक मंचन के दौरान जनक बने अभिनेता माधव शुक्ल कह उठते हैं—"इस भारतभूमि पर क्या ऐसा कोई वीर नहीं है, जो इस ब्रिटिशरूपी कठोर धनुष को उठाकर तोड़ डाले!" ध्यान देने की बात है कि नाटक चल रहा है, धनुष-लीला चल रही है, अचानक उसके बीच यह 'ब्रिटिशराज' कहाँ से आ गया,

यह तो रस-भंग है। लेकिन जो जानते हैं कि रंगभूमि अभिनेता की स्वतन्त्र भूमि है, उन्हें इसमें सच्चा नाट्यास्वाद मिलेगा। मैंने व्याख्यान के क्रम में यह बता दिया है कि लोकरंग-परम्परा के हमारे अभिनेता बिना किसी बाधा के पौराणिक कथा-प्रसंगों के बीच समसामयिक टिप्पणियाँ धड़ल्ले से करते हैं। रंगमंचीय अभिनय में आशु-रचना ही उन अभिनेताओं की असली ताकत है। माधव शुक्ल को यह स्वाधीनता और ताकत उन अभिनेताओं से ही मिली। पं. मदनमोहन मालवीय इससे बहुत नाराज हुए। एक तो लगता है, वह सच्चे सहृदय थे, इसलिए यह उन्हें रस-भंग लगा, दूसरे वह 'नरम दल' के थे, इसलिए इस तरह की स्वाधीन आशु-रचना एक तरह की दुस्साहसिकता ही थी। लेकिन जो भी हो, यह लोकरंगमंच की अद्भुत युक्ति-शक्ति है जिसका पता उस समय के आधुनिक अभिनेताओं को था। माधव शुक्ल गिरफ्तार हुए, काशी से प्रयाग आये, जहाँ उन्होंने हिन्दी नाट्य-समिति बनाई, वहाँ भी गिरफ्तार हुए, फिर वह कलकत्ता आये और हिन्दी नाट्य-परिषद् बनाई। इतना लम्बा-कठिन संघर्ष करने वाला रंग-व्यक्तित्व हमें उस समय एक ही दिखाई देता है। रामचन्द्र शुक्ल ने अपने इतिहास में माधव शुक्ल की चर्चा-भर की है। जो भी हो, शुक्ल जी से ही संकेत ग्रहण कर हमें हिन्दी साहित्येतिहास का एक पूरा हिस्सा लिखना चाहिए।

जयशंकर प्रसाद को लेकर अलग से एक विमर्श होना चाहिए। यह विमर्श अलग-अलग पुस्तकों में है भी। प्रसाद आधुनिक हिन्दी नाटक-रंगमंच की उपलब्धि भी हैं और रंगमंचीय दृष्टि से उलझन पैदा करने वाले भी जिन पर हम पहले चर्चा कर चुके हैं। लोकरंगमंच की परम्परा प्रसाद में उस रूप में नहीं मिलती। नहीं मिलती है, तो इसके लिए किसी के सिर पर ठीकरा फोड़ने की ज़रूरत नहीं है। प्रसाद का विकास हिन्दी नागर समाज का, भद्र समाज का विकास है, इस बात को हमेशा ध्यान में रखने की आवश्यकता है। विक्टोरियायुगीन नैतिकता, नव-जागरण, छायावादी भावमयता, द्विवेदीयुगीन अनुशासन, प्रादेशिकता के स्थान पर राष्ट्रीयता—प्रसाद के सन्दर्भ में ये कुछ बातें हमेशा ध्यान में रखें। मुझसे यह सवाल किया गया कि क्या प्रसाद पर यह प्रश्नचिह्न नहीं है, तो यह प्रश्नचिह्न नहीं है बल्कि यह देखने की कोशिश है कि मस्तिष्क कैसे बनते हैं और जयशंकर प्रसाद वह प्रचण्ड मस्तिष्क हैं जिससे गुजरे बिना हम हिन्दी साहित्येतिहास की परम्परा को समझ ही नहीं सकते। यह बात पहले बतायी जा चुकी है कि कोई भी नाटक बिना रंगमंचीय संकल्पना के सम्भव ही नहीं है। प्रसाद के समय पारसी रंगमंच का जो स्वरूप था, उसे गहराई से देखने की ज़रूरत है। आग़ा हश्र के 'रुस्तम-ओ-सुहराब' या 'यहूदी की लड़की'

में कैसी नाटकीय शक्ति है, इसकी चर्चा आगे की जाएगी। पारसी रंगमंच का जो स्वरूप सामने आ रहा था, प्रसाद उसकी प्रतिक्रिया में थे, यह स्पष्ट है। और यह प्रतिक्रिया इतनी गहरी थी कि लगता है जैसे वह उसके गहरे प्रभाव में बँधे हुए हों! लेकिन उनका सचेत मस्तिष्क उसे स्वीकार नहीं कर रहा था। प्रसाद के नाट्यतन्त्र पर इस प्रभाव के बहुत-से उदाहरण मिलेंगे। मसलन संवाद का, गीत-नृत्य का, सम्पूर्ण दृश्य-योजना का उदाहरण देख सकते हैं। प्रसाद की पूरी रंग-रचना-प्रक्रिया के उलझनों-अन्तर्विरोधों पर विस्तार से बात की जा सकती है।

मेरी स्पष्ट मान्यता है कि 'इन्दरसभा' में हिन्दी-उर्दू की जो समन्वित वाक्-परम्परा है, 'पारसी रंगमंच' में उसका ही दूसरा रूप मिलता है। वह हिन्दी का अपना शक्तिशाली व्यावसायिक रंगमंच है। व्यावसायिक रंगमंच के पूर्णतया विकास न होने के कारण हिन्दी रंगमंच में जो उलझनें पैदा हुईं, उन्हें हम आज तक ठीक से सुलझा नहीं पाये हैं, क्योंकि हमारा शुरू से व्यावसायिक रंगमंच को लेकर एक शुद्धतावादी नजरिया रहा है कि जो भी व्यावसायिक होगा, वह अच्छा नहीं होगा। स्पष्ट है, पारसी रंगमंच व। साहित्येतिहास में फिर से मूल्यांकन करने की ज़रूरत है, खासकर आग़ा हश्र के दो नाटकों—यहूदी की लड़की और रुस्तम-सोहराब को लेकर नाटक के इतिहास के नये पन्नों को लिखा जाना चाहिए। उसी तरह पं. राधेश्याम कथावाचक और नारायण प्रताप 'बेताब' के कुछ नाटकों का उचित मूल्यांकन जरूरी है। यों तो इनका उल्लेख होता रहा है, लेकिन नवीन ऐतिहासिक दृष्टि से हमने पारसी रंगमंच पर गम्भीर विमर्श नहीं किया है, न ही उसकी शक्ति का ठीक से साक्षात्कार किया है। भरतमुनि का ही साक्ष्य नहीं, मैंने अनेक सत्साहित्यिकों के साक्ष्य से यह बात कही थी कि रंगमंचीय दृष्टि से कोई भी काव्य उच्च या हीन नहीं होता। रंगमंचीय दृष्टि से वाणी का वागाभिनय में रूपान्तरित होना महत्त्वपूर्ण होता है और माध्यम सार्थक नाट्यनुभूति करा पाता है, या नहीं, यह महत्त्वपूर्ण होता है। इसलिए पारसी रंगमंच के विश्लेषण में हमें अपने नजरिये में बुनियादी परिवर्तन करने की आवश्यकता है।

मैं दरअसल इस अध्ययन की तरफ डॉ. शिवदान सिंह चौहान के एक लेख को पढ़कर आया, वह लेख स्वतन्त्रता-पूर्व का है, जिसका शीर्षक है—भारत की जननाट्यशाला। इस लेख में डॉ. चौहान ने कहा है कि नौटंकी की शैली में विकास किया जा सकता है और प्रगतिशील क्रान्तिकारी नौटंकियाँ लिखवाकर उनका अभिनय करवाया जा सकता है। उनके अनुसार, हमारे सामने 'नौटंकी' से प्रभावशाली अभिनय-शैली नहीं है। जब स्वतन्त्रता के पहले भारतीय जननाट्य संघ (इप्टा) का

गठन हो रहा था, तो जो प्रस्ताव शिवदान सिंह चौहान के लेख से सामने आ रहा था, वह दरअसल हजार वर्ष की हिन्दी लोकरंग-परम्परा की ओर बढ़ने का था। यानी, अगर आप चाहते हैं कि आपके प्रगतिशील नाटक मजदूरों-किसानों के बीच लोकप्रिय हों, तो आपको रूसी या चीनी नाट्य शैली के अनुसरण से कुछ नहीं हासिल होने वाला, बल्कि अपनी स्थानीय लोकरंग-परम्परा की तरफ जाना पड़ेगा। स्वतन्त्रता-पूर्व 'इप्टा' एक ऐसी महत्त्वपूर्ण नाट्यसंस्था के रूप में सामने आता है, जिसकी नृत्य-नाट्य-संगीतात्मक प्रस्तुतियों में लोकनाट्य-युक्तियों के अनूठे प्रयोग मिलते हैं। शिवदान चौहान लिखते हैं कि नौटंकी में परदे की ज़रूरत नहीं पड़ती। मैदान में, या शामियाने में चार-छह तख्त बिछाकर या ऊँचे चबूतरे पर कपड़ा बिछाकर एक-दो गैसों की रोशनी में पूरा नाटक हो जाता है। जिन साधनों के अभाव को शौकिया रंगमंचवाले रोते हैं, यह उसी तरफ संकेत है। जर्मन नाटककार-निर्देशक बर्तोल्त ब्रेख्त ने कहा है कि जो कुछ भी 'स्पेस' में उपलब्ध है, वह सब कुछ नाटक में उपयोग किया जा सकता है। डॉ. चौहान ने 'इप्टा' के लोगों को यही सन्देश दिया कि नौटंकी की पहुँच दरअसल भारतीय किसानों-मजदूरों के बीच बहुत ज्यादा है। बिरहा, चैती, कजरी, फाग, आल्हा, पूरबी, कजरी, होली-जैसे लोकगीत इन भारतीय किसानों-मजदूरों के जीवन का अंग हैं और इसकी चर्चा भारतेन्दु बहुत पहले कर चुके हैं कि जहाँ-जहाँ ग्रामगीत सुनें, उन्हें एकत्र करें। आचार्य रामचन्द्र शुक्ल भी यह कहना जरूरी समझते हैं कि "भारतीय हृदय का रूप पहचानने के लिए पुराने परिचित ग्राम-गीतों पर ध्यान देने की आवश्यकता है। केवल पण्डितों द्वारा प्रवर्तित काव्य-परम्परा का अनुशीलन पर्याप्त नहीं।" 'इप्टा' यद्यपि राजनीतिक विचारधारा से प्रेरित था, लेकिन लोकरंग-परम्परा से उसके गहरे जुड़ाव ने लम्बे समय तक उसे हिन्दी दर्शकों के लिए प्रासंगिक बनाये रखा। उसकी कई प्रस्तुतियों ने आधुनिक रंगमंच के नये मुहावरे गढ़े और उसके कई प्रतिभाशाली अभिनेताओं-गायकों-संगीतकारों ने लोक-परम्परा से ही अपने लिए नयी जमीन तलाश की।

और अन्त में भिखारी ठाकुर, जिन्हें लेकर अब हिन्दी रंगमंच में कोई उलझन नहीं होनी चाहिए। भिखारी ठाकुर दरअसल नवजागरणकालीन चेतना की खाँटी बिहारी (भोजपुरी) अभिव्यक्ति हैं, इसलिए उन्हें आधुनिक रंगकर्मी ही माना जाना चाहिए और इसी दृष्टि से उनके अवदान का मूल्यांकन किया जाना चाहिए। ठीक भारतेन्दु की तरह उनकी रंग-चेतना का सूत्र एक बंगाल से जुड़ा है—पिया गइलें कलकतवा हे सजनी! यह तो अधिकांश लोगों को मालूम ही होगा कि बाबू हरिश्चन्द्र को उनके कुछ मित्रों ने 'भारतेन्दु' कहा, जब राजा शिवप्रसाद सिंह को ब्रिटिश

अधिकारियों ने 'सितारे-हिन्द' की पदवी दी, तो जैसे उसके जवाब में बाबू हरिश्चन्द्र को उनके कुछ मित्रों ने 'भारतेन्दु' कहा। ब्रिटिश सरकार के कार्यक्रम के प्रचार के लिए कुछ अधिकारी भिखारी ठाकुर के पास गये और उनसे कहा कि तुम्हें 'रायसाहब' की पदवी दिला देंगे, यदि तुम यह प्रचार अपने 'नाच' द्वारा जनता में कर दो। भिखारी ठाकुर यह सरकारी प्रचार नहीं कर सके। मुझे यह जानकारी नहीं है कि भिखारी को इस प्रचार के लिए समय नहीं मिला, या जानबूझकर उन्होंने सरकारी प्रचार नहीं किया। लेकिन उनकी मण्डली के लोगों ने उन्हें 'रायसाहब' कहना जरूर शुरू कर दिया। अलबत्ता मैं उन्हें 'रायसाहब भिखारी ठाकुर' ही कहूँगा। जो पदवी ब्रिटिश राज में बिहार के बड़े-बड़े भू-स्वामियों को न मिली, नाई जाति में जन्म लेने वाले एक लोक-कलाकार को वही पदवी उनकी मण्डली वालों ने दी, तो मैं उसी लोकरंग मण्डली के साथ हूँ। भिखारी ठाकुर ने कहा–

अबहीं नाम भइल बा थोड़ा
जब ई छूट जाई तन मोरा
तेकरा बाद पचास बरीसा
तेकरा बाद बीस-दस-तीसा
जेकरा बाद नाम हो जइहन
पण्डित कवि सब यश गइहन।

मेरे मरने के तीस-चालीस साल बाद पण्डित, कवि, सज्जन मेरा यश गाएँगे। आज जब मैं दिल्ली विश्वविद्यालय के हिन्दी विभाग में उनका यश गा रहा हूँ, तब मेरे ध्यान में आ रहा है कि उन्होंने यह कविता अपनी मृत्यु (1971) के दो वर्ष पहले लिखी थी। भारतेन्दु ने भी मृत्यु-पूर्व कुछ ऐसी पंक्तियाँ लिखी थीं–

कहेंगै सबहिं नैन नीर भरि-भरि पाछे।
प्यारे हरीचन्द की कहानी रहि जाएगी॥

व्यक्तिगत रूप से मुझे भिखारी ठाकुर भारतेन्दु की परम्परा के ही रंगकर्मी लगते हैं। राहुल सांकृत्यायन ने भिखारी ठाकुर को कुछ इस तरह याद किया है–"हमनी के बोली में केतना जोर हवे, केतना तेज बा, ई अपने सब भिखारी ठाकुर के नाटक में देखीले। लोग के काहे नीमन लागेला भिखारी ठाकुर के नाटक? काहे दस-दस, पनरह-पनरह हजार के भीड़ होला ई नाटक देखे खातिर। मालूम हो आ कि एही नाटक में पउलिक (पब्लिक) के रस आवेला। जवना चीज़ में रस आवे, उहे कविताई,

केहू के जो लमहर नाक होय आ ऊ खाली दोषै सूँघत फिरे, त ओकरा खातिर का कहल जाए। हम ई ना कहतानी जे भिखारी ठाकुर के नाटकन में दोष नइखे। दोष बा त ओकर कारन भिखारी ठाकुर नइखन, ओकर कारन हवे पढुवा लोग (पढ़े-लिखे लोग)।" (भारतीय साहित्य के निर्माता : भिखारी ठाकुर : लेखक तैयब हुसैन 'पीड़ित' : पृष्ठ 21 पर उद्धृत)

हमलोग कुछ ज्यादा ही पढ़े-लिखे लोग हैं और कई बार तय करते हैं कि साहित्य में क्या शिष्ट है, क्या अशिष्ट। भिखारी ठाकुर ने भोजपुर प्रदेश की 'लौंडानाच-परम्परा' को नवजागरणकालीन चेतना के साथ जोड़कर एक नया रूप दे दिया। जिस तरह नवजागरण आन्दोलन के केन्द्र में 'स्त्री-विमर्श है, उसी तरह भिखारी के नाटकों के केन्द्र में स्त्री की पीड़ा, भोजपुर प्रदेश की स्त्रियों की व्यथा-गाथा। विधवा-विवाह, बेटीबेचवा, बिदेसिया, गबरघिचोर—इन सभी नाटकों के केन्द्र में स्त्री-विमर्श है। यानी हजार वर्ष की यह लोकरंग-परम्परा एक साथ ही दलित और स्त्री जाति के एक नये विमर्श के लिए ज़मीन मुहैया कराती है। अन्त में मैं 'बिदेसिया' के एक गीत से उसके रचनाकार को प्रणाम निवेदित करता हूँ :

हे सजनी, हे सजनी
पिया गइलन कलकतवा, हे सजनी
गोड़वा में जूता नइखे, सरवा पर छतवा
कइसे चलन रहतवा ऐ सजनी

पैर में जूते नहीं हैं, सिर पर छाता नहीं है, कलकत्ता की जलती सड़कों पर मेरा प्रिय कैसे चल रहा होगा! भिखारी ठाकुर मनुष्य की वेदना के रंगकर्मी-नाटककार हैं।

आधुनिक हिन्दी नाटक और रंगमंच की लोकधारा का अन्वेषण–II

रंगमंच की लोकधारा का अन्वेषण करते हुए ही हम हिन्दी नाटक और रंगमंच की निरन्तरता को चिह्नित कर सकेंगे। इस तरह हम बारहवीं-चौहदवीं शताब्दी से लेकर अद्यतन विकास तक पहुँचने के दौरान न तो किसी 'शून्य' में उतरेंगे और हिन्दी रंगमंच-नाटक के सन्दर्भ में 'अन्धकार युग'-जैसी स्थापना बेमानी लगेगी। यह बात पिछले तीन व्याख्यानों से कुछ हद तक जरूर स्पष्ट हुई होगी कि रंगमंच-नाटक के सन्दर्भ में हिन्दी साहित्य के इतिहास के पुनर्लेखन में कहाँ हस्तक्षेप किया जाना जरूरी है। लेकिन, यह बात पहले भी कही है, आज फिर से दुहरा रहा हूँ कि व्याख्यान के सिलसिले में जिन नाट्यधाराओं-प्रवृत्तियों या नाटककारों का उल्लेख नहीं हो रहा है, या नहीं हो पा रहा है, इसका अर्थ कतई उनकी न्यूनता नहीं है। दरअसल, पूरी व्याख्यान-माला में सिर्फ इस बात पर जोर है कि हिन्दी रंगमंच की लोकधारा के अन्वेषण से कई विचारोत्तेजक निष्कर्ष निकलते हैं, उन पर ध्यान देने की आवश्यकता है और सौन्दर्यशास्त्रीय धारणाओं-मानदण्डों एवं साहित्येतिहास-लेखन के दृष्टिकोण में बुनियादी परिवर्तन लाजिमी है।

पिछले के व्याख्यान में हमने इन्दरसभा-भारतेन्दु से लेकर भिखारी ठाकुर तक हिन्दी रंगमंच-नाटक के विकास में अन्तर्निहित लोकधारा का अन्वेषण किया और इस नतीजे पर पहुँचे कि आधुनिक काल में लोक-चेतना और नागर-बोध के बीच हुई मुठभेड़ और सामंजस्य से हिन्दी रंगमंच-नाटक का एक बिल्कुल बदला चेहरा सामने आता है, जो इस तरह साहित्येतिहास की पुस्तकों में दर्ज नहीं है। परम्परा और आधुनिकता पर बहस पुरानी है और मैं उसे दुहराना नहीं चाहता। लेकिन देश

की स्वतन्त्रता के समय एक कन्नड़ रंगकर्मी क्या सोच रहा था, उसकी तरफ आपका ध्यान दिलाना जरूरी समझता हूँ। आद्य रंगाचार्य ने अपनी पुस्तक 'भारतीय रंगमंच' में लिखा—"शताब्दियों तक भारत विदेशी शासकों के अधिकार में रहा है, लेकिन पहले के किसी भी शासक से अधिक भारतवासी अँग्रेजों द्वारा दबाये गये। इसके दो कारण थे। एक तो वरिष्ठता की दुनिया, जिसमें अँग्रेजों ने स्वयं को रखकर देखा। दूसरा वह शिक्षा, जो उन्होंने भारतवासियों को प्रदान की।...अनेक शिक्षित भारतीयों ने स्वयं अनुभव किया कि वे हीन हैं।...स्वाभाविक था कि हम यह दिखाने के लिए बेचैन थे कि किसी भी तरह हम हीन नहीं हैं और स्वयं को उनके बराबर सिद्ध करने के लिए हम कटिबद्ध हो गये। एक ओर हम प्राचीन परम्पराओं की ओर बढ़े और दूसरी ओर रंगमंच की आधुनिक प्रवृत्तियों की ओर हमारा ध्यान गया।...परम्परा के प्रति हमारे अभियान ने लोकरंगमंच और दूसरे रूपों के प्रति हमें जागरूक बनाया।" (भारतीय रंगमंच, पृ. 149-150) इस तरह परम्परा और आधुनिक भाव-बोध के बीच चले विभिन्न प्रकार के दबावों से सृजनात्मकता के नये रास्ते खुले। लेकिन इससे कई तरह की विसंगतियाँ भी सामने आयीं और विशेष रूप से आजादी के बाद नयी भारतीय राजसत्ता के संरक्षण के चलते अवसरवादिता ने भी जन्म लिया। बहरहाल, इन सब बातों की तफ्सील में जाने का अवकाश यहाँ नहीं है। बस एक फर्क का उल्लेख करना आवश्यक है। गुलामी से लड़ते हुए, सामन्ती समाज की विकृतियों का मुकाबला करते, परम्परा में ढलते और उसे बदलते हुए भारतेन्दु हरिश्चन्द्र से लेकर भिखारी ठाकुर तक में कई तरह के समझौतों के बावजूद अपने रंगमंच की लोकधारा के अवसरवादी इस्तेमाल की चतुराई नहीं थी। आजादी के साथ हमें कई मूल्य प्राप्त हुए, लेकिन चतुराई और अवसरवादिता ने हमें स्वातन्त्र्योत्तर काल में फैलते भारतीय मध्यवर्ग का एक नया चेहरा भी जरूर दिखाया। आगे जब हम 'स्वातन्त्र्योत्तर काल के हिन्दी नाटक-रंगमंच की लोकधारा' के अन्वेषण के क्रम में कुछ निष्कर्ष निकालेंगे, तो इस अवमूल्यन से रंगमंच के क्षेत्र में उत्पन्न विसंगतियों-अन्तर्विरोधों को भी पहचानने की कोशिश भी हो सकेगी।

स्वातन्त्र्योत्तर काल के हिन्दी नाटक-रंगमंच की लोकधारा के अन्वेषण के क्रम में सबसे पहले तीन नाटकों की चर्चा करनी जरूरी है। जगदीशचन्द्र माथुर का 'कोणार्क' (रचना-काल : 1951), हबीब तनवीर का 'आगरा बाज़ार' (मंचन-काल : 1954) और धर्मवीर भारती का 'अन्धा युग' (प्रकाशन-काल : 1954)। साथ ही दो अन्य घटनाओं का उल्लेख भी करना आवश्यक है, वे हैं—1954 में ही 'संगीत नाटक-अकादमी' की स्थापना और फणीश्वरनाथ रेणु के उपन्यास 'मैला आँचल' का

प्रकाशन। ये सारे प्रकाशन, मंचन और घटनाएँ अकस्मात् नहीं हैं, इनमें एक प्रकार का सातत्य है। जगदीशचन्द्र माथुर के बारे में अधिकांश लोगों को जानकारी है, वह यह भी जानते होंगे कि माथुर ने नाट्यलेखन के पूर्व लोकरंग-परम्परा के अनुसन्धान में अपना काफी समय दिया, उन्होंने कुछ पुस्तकें भी लिखीं जो आज हमारे अन्वेषण के लिए काफी उपयोगी हैं, भविष्य में और भी होंगी, वे पुस्तकें हैं—परम्पराशील नाट्य, रूरल थिएटर इन इंडिया, एक पुस्तक है—प्राचीन भाषा-नाटक, जो उन्होंने डॉ. दशरथ ओझा के साथ मिलकर लिखी, जिनकी पीएच.डी. का शोध-पत्र पुस्तकाकार प्रकाशित है—हिन्दी नाटक : उद्भव और विकास। इन अनुसन्धान, शोध-पत्रों और प्रकाशनों के जरिये जगदीशचन्द्र माथुर और उनकी तरह सोचने वाले नाट्य-अध्येता उन लोक-रंगपरम्पराओं की टोह ले रहे थे, जिससे वे बदलते हुए भारतीय परिदृश्य में अपने रंगमंच के कार्य को आगे बढ़ा सकें। और इसीलिए उन्हें रंगमंच की नृत्य-गीत-संगीत-अभिनटन की बहुरंगी लोकधारा ने अपनी ओर खींचा। 'कोणार्क' के पूरे रचना-तन्त्र में जो एक खास प्रकार का खुलापन है, उसका सम्बन्ध इसी लोकधारा से है। लेकिन स्वतन्त्रता-प्राप्ति के बाद प्रसादोत्तर काल में अनेकानेक नाटककारों में इस नृत्य-गीत-संगीत की परम्परा का बहिष्कार मिलता है। स्वाभाविकता के नाम पर, या और भी बहुत-सारे पश्चिमी प्रभावों को ध्यान में रखकर, अथवा आधुनिक तौर-तरीकों में ढलने के लिए ऐसे नाटक लिखे गये, जिनमें गीत-संगीत-नृत्य-अभिनटन की जो एक पूरी बहुरंगी परम्परा है, उसका बहिष्कार मिलता है। 'कोणार्क' हमारे लिए इसलिए तो महत्त्वपूर्ण रचना है ही कि उसमें इतिहास का मोहक रोमांस छिपा है, लेकिन वह इसलिए भी ज्यादा महत्त्वपूर्ण है कि वह दरअसल उसी विस्मृत लोकरंग-परम्परा को फिर से पकड़ने की कोशिश करती है। इससे यह पता चलता है कि स्वतन्त्रता-प्राप्ति के समय लेखक एक ऐसी रंगदृष्टि की तलाश कर रहा है, जो लोकोन्मुखी हो, साथ ही अपने समय के संकट को भी व्यक्त करे। लेखक के समय का संकट क्या है? मैं व्याख्यान के बीच एक 'क्षेपक' डालने की अनुमति चाहता हूँ।

मैंने हिन्दी के तीन नाटकों का एक क्रम बनाया है और यह क्रम आपके विचार के लिए रख दे रहा हूँ, हालाँकि व्याख्यान के विषय का इससे सम्बन्ध नहीं है। यह क्रम है—कोणार्क, आषाढ़ का एक दिन (मोहन राकेश) और हानूश (भीष्म साहनी)। इन तीनों का क्रम भारतीय राजसत्ता और सृजनधर्मी कलाकार के अन्तःसम्बन्ध और उनके बीच की टूटन को सामने लाता है। मैं सिर्फ एक संकेत देना चाहता हूँ। 'कोणार्क' में वर्णित राजसत्ता के साथ सृजनधर्मी कलाकार का एक खास तरह का

तादात्म्य दीखता है, जैसे देश के नवनिर्माण के स्वप्न एक धरातल पर आ गये हों, इसलिए कलाकार अपनी स्वाधीनता का उसमें विलय कर देता है। 'आषाढ़ का एक दिन' तक आते-आते राजसत्ता के व्यवहार को लेकर कलाकार दुविधाग्रस्त है, लेकिन उसका उससे मोहभंग पूरी तरह नहीं हुआ है, वह अपनी सृजनात्मक स्वाधीनता और राजसत्ता के साथ अपने जुड़ाव को लेकर संशयग्रस्त है। 'हानूश' कलाकार की स्वाधीनता की घोषणा है, जिसे राजसत्ता पूरी तरह कुचल डालना चाहती है। एक बात और कहकर मैं यह 'क्षेपक-प्रकरण' समाप्त कर दूँगा। स्वतन्त्रता के बाद भारतीय राजसत्ता के संरक्षण को लेकर, संगीत नाटक-अकादमी, राष्ट्रीय नाट्य विद्यालय की स्थापना को लेकर, आधुनिक हिन्दी रंगमंच-नाटक में लोकनाट्य-प्रयोग को लेकर कुछ अलग ढंग की विसंगतियाँ और अन्तर्विरोध सामने आये। मेरा यह संकेत था। बहरहाल!

सन् 1954 ई. में 'मैला आँचल' का प्रकाशन हुआ और 'गोदान' के यथार्थवादी शिल्प से भिन्न बिल्कुल एक नवीन खाँटी भारतीय औपन्यासिक शिल्प सामने आया, वैसा ही जैसा इसी दशक में प्रकाशित-मंचित तीन नाटकों के जरिये सामने आया—कोणार्क, आगरा बाजार और अन्धा युग। 'मैला आँचल' में बड़ी संख्या में, उपन्यास के अच्छे-खासे हिस्से में जट-जट्टिन, कीर्तनिया, बिदापत-नाच, नौटंकी, स्वाँग के खेल के कई उद्धरण हैं, और ये इतने विस्तार से दिये गये हैं कि आप केवल इन्हीं के आधार पर इन लोकनाट्य-रूपों की विशेषताओं का एक प्रामाणिक परिचय लिख सकते हैं। स्वातन्त्र्योत्तर काल में हिन्दी नाटक-रंगमंच की लोकधारा के अन्वेषण के लिए हम जिस मार्ग से बढ़ें, वह यही है—कोणार्क, अन्धा युग, आगरा बाजार और मैला आँचल, परती परिकथा का प्रकाशन तथा संगीत नाटक-अकादमी की स्थापना। इस मार्ग से गुजरते हुए 12वीं शताब्दी की स्वाँग नाट्य-परम्परा से लेकर स्वातन्त्र्योत्तर काल के हिन्दी रंगमंच की एक निरन्तरता मिलेगी।

'अन्धा युग' प्रकाशित पहले हुआ, मंच पर खेला बहुत बाद में गया। बहुत दिनों तक तो यही समझदारी रही कि यह मात्र 'शब्द-नाटक' है, या रेडियो-नाटक का एक प्रकार है लेकिन जिन नाट्य-युक्तियों का प्रयोग धर्मवीर भारती ने 'अन्धा युग' में किया, वे मंचस्थ न होने के कारण अलक्षित रहीं। भारतीय कथावाचन-शैली, अयथार्थवादी रंगशिल्प, सूत्रधार-शैली की नयी परिकल्पना और सबसे बढ़कर एक ऐसी भाषा का सृजन जिसमें वागाभिनय की जबर्दस्त क्षमता भरी है। कथावाचन हमारी लोक-परम्परा का हिस्सा है और यह परम्परा, हमेशा ध्यान में रखिएगा, अयथार्थवादी रंग-परम्परा है। 'अन्धायुग' के उस दृश्य को याद कीजिए जिसमें मंच

पर कौवे और उल्लू का युद्ध-नृत्य है। ऐसा लगता है, यह एक स्वप्न-दृश्य है, क्योंकि अश्वत्थामा इसी के बाद पाण्डव-शिविर पर हमला करना निश्चित करता है। मुखौटे धारण किये दो अभिनेता मंच पर नृत्य करते हुए आते हैं और जब यह स्वप्न-दृश्य भंग होता है, तो अश्वत्थामा को घायल कौवे का एक पंख मिलता है। पंख कहाँ से आया, स्वप्न से या यथार्थ से? भारती अश्वत्थामा के हाथ में पंख देकर यथार्थ और स्वप्न को मिला देते हैं। जब नाटक-रंगमंच के क्षेत्र में इब्सन के यथार्थवाद का डंका बज रहा था, यह अयथार्थवादी दृश्य-परिकल्पना कहाँ से आ रही थी? और नाटक में दो प्रहरी, ये क्या हैं? ये दरअसल संस्कृत रंगमंच के सूत्रधार, लोकनाट्य के नट-नटी और ग्रीक कोरस की मिली-जुली परिकल्पना है। 'अन्धा युग' की भाषा तो जैसे भरतमुनि की इस धारणा की पुष्टि करती है कि वाणी वागाभिनय में रूपान्तरित होकर ही नाटक का रूप लेती है। उस भाषा का सम्बन्ध निश्चित रूप से 'नयी कविता' से है, लेकिन उसकी जो अन्तर्निहित 'लय' और 'टोन' है, उसे आप अगर नहीं समझेंगे तो भाषा का नाटकीय तनाव भी ठीक से समझ नहीं आएगा। वाणी का वागाभिनय में रूपान्तरण का सबसे शक्तिशाली उदाहरण, स्वातन्त्र्योत्तर काल में 'अन्धा युग' है। धर्मवीर भारती ने 'अन्धा युग' की एक छोटी भूमिका लिखी, जिसमें उन्होंने ग्रीक कोरस की बात स्वीकार की है, साथ ही लोक-मंच की सादगी और उन्मुक्तता की बात भी स्वीकार की है।

रामलीला में जो महाकाव्यात्मकता और बहुस्तरीय धरातलों की परिकल्पना होती है, हबीब तनवीर का 'आगरा बाजार' उन्हीं बहुस्तरीय धरातलों पर उन्मुक्त ढंग से विचरने वाला नाटक है। नाटक में जैसे कई दृश्य एक साथ चलते हैं, उनमें एक बहाव है, लेकिन ये दृश्य एक-दूसरे पर नहीं चढ़ते, बल्कि एक साथ अनेक स्तर पर चलते 'आगरा बाजार' के अर्थ को ज्यादा खोलते हैं। 'आगरा बाजार' के मंचन से एक नये हिन्दी रंगमंचीय मुहावरे को गढ़ने की परम्परा की शुरुआत हुई, जिसमें सैकड़ों साल से विकसित स्वाँग, भगत, नौटंकी, इन्दरसभा, पारसी रंगमंच की रंगीन छवियाँ प्रतिबिम्बित दिखाई देती हैं।

'संगीत नाटक अकादमी' की स्थापना से स्वतन्त्र भारत में राजकीय संरक्षण की एक नयी परम्परा शुरू हुई। वाणिज्यिकीय एवं प्रबन्धन-कौशल के बिना बेहतरीन रंगमंच का विकास सम्भव नहीं है। जहाँ तक कई तरह के संसाधनों को जुटाने का प्रश्न है, वह आपको किसी-न-किसी स्रोत से जोड़ देगा, वह चाहे राजकीय स्रोत हो, निजी, या कुछ और। दरबार में इसलिए लम्बे समय तक रंगमंच संरक्षित रहा। इसलिए यह सवाल अब भी उठता है कि रंगमंच के विकास और उसके सरंक्षण के

लिए सरकारों को आगे आना चाहिए, या नहीं? इस प्रश्न का सम्बन्ध सृजनात्मक स्वाधीनता से है और आगे चलकर इसी से कई तरह की विसंगतियाँ और अन्तर्विरोध पैदा हुए, लेकिन इस पर बात फिर कभी। दरअसल–'संगीत-नाटक' में एक साथ दो पदों का योग है, इसमें एक साथ 'नृत्य-संगीत-नाटक' को एक ही प्रदर्शनकारी धरातल पर रखकर देखने का प्रयास है जिसका एक रिश्ता स्वतन्त्रता-प्राप्ति के समय राजनेताओं द्वारा देखे जा रहे देश के नव-निर्माण के स्वप्न से भी है। बहरहाल, मैं जिस बात पर जोर देना चाह रहा हूँ, वह यह है कि इसका सम्बन्ध लोकरंगमंच की उस परम्परा से भी है, जहाँ नृत्य-संगीत, अभिनटन की एक ही सृजन-भूमि है।

द्वितीय विश्व-युद्ध के दौरान और उसके बाद पश्चिमी जगत के रंगमंच में भी परिवर्तन की एक प्रक्रिया चल रही थी, जिसके कुछ सूत्र हमारी एशियाई, विशेषतः चीन-जापान-भारत की, नाट्य-परम्परा से जुड़े हैं। रूस के मेयरहोल्ड और जर्मनी के बर्तोल्त ब्रेख्त की चर्चा जरूरी है। साहित्य-कला-संस्कृति के क्षेत्र में 'समाजवादी यथार्थवाद' के जो भी नतीजे हुए हैं, यह कहते हुए दिल दर्द से भर जाता है कि उस 'यथार्थवाद' से रिश्ता तोड़कर रंगमंच को ज्यादा कल्पनाशील और काव्यात्मक बनाने का काम शुरू कर मेयरहोल्ड ने अपनी जान देकर कीमत चुकाई। स्तानिस्लाव्स्की का यह शिष्य जिसने अपने गुरु से भिन्न राह पकड़ी, उसकी पत्नी को गोली मार दी गयी और सालों-साल उसे सताकर जेल में खत्म कर दिया गया। कभी जब मैं रंगमंच के क्षेत्र में अयथार्थवाद की बात करने लगता हूँ, तो जैसे एक दुःस्वप्न मेरा पीछा करता है। मेहरहोल्ड का समय स्टालिन का समय था, यह रंगमंच के विद्यार्थियों को हमेशा ध्यान में रखना चाहिए।

बर्तोल्त ब्रेख्त एशियाई नाट्य-परम्परा से जितना गहरे प्रभावित रहे हैं, उतना ही उनका स्थायी प्रभाव एशियाई रंगमंचीय परिदृश्य पर पड़ा है। ब्रेख्त ने 'टोटल थिएटर', एपिक थिएटर की बात की और अरस्तू के सिद्धान्त को अपने समय के संकट को सामने लाने के लिए अपर्याप्त बताया। उन्होंने रंगमंच के जरिये लोकशिक्षण पर सबसे ज्यादा जोर दिया। तानाशाहों के विकास के उस विकट दौर में ब्रेख्त सबसे ज्यादा विश्वसनीय नाटककार, निर्देशक और संगीतकार लगते हैं। हिटलर के उत्थान के दौरान उन्होंने समझा कि रंगमंच में अभिनय के साथ तादात्म्यीकरण दर्शकों को कहीं नहीं ले जाता, एक हत्यारा भी अभिनय देखता हुआ दर्शकदीर्घा में बैठा आँसू बहा सकता है। इस तरह का थिएटर देखते हुए ब्रेख्त विचारवान दर्शकों की नयी भूमिका को तय करते हैं। और इसके लिए उन्हें नाट्य-युक्तियाँ एशियाई लोकनाट्य-परम्परा से मिलती हैं। उन्होंने अपने नाटकों के

लिए आधार-सामग्री एशियाई आख्यायिका-परम्परा से जुटाई। शायद कुछ लोग, यह जानते हों कि ब्रेख्त के नाटक 'कॉकेशियन चॉक सर्किल' और भिखारी ठाकुर के भोजपुरी नाटक 'गबरघिचोर' की कथा की मूल आधार-सामग्री एक ही है। इससे यह पता चलता है कि 'शब्द' तो यात्रा करते ही हैं, लोककथाएँ भी यात्रा करती हैं! मैं रंगमंच की लोकधारा की शक्ति और उसके व्यापक प्रभाव को समझाने के लिए यह चर्चा कर रहा था और इसलिए भी यह चर्चा आवश्यक है कि स्वातन्त्र्योत्तर काल के हिन्दी नाटक-रंगमंच में लोकनाट्य-प्रयोग का क्षीण-सा ही सही, एक निश्चित सम्बन्ध पश्चिमी रंगमंच में हो रही इन हलचलों से भी रहा है।

सन् 1960 ई. से 1980 के बीच की एक लम्बी सूची आपके सामने रखी जा सकती है, जिसमें वैसे कई हिन्दी नाटक होंगे जिनमें लोकरंगमंच की युक्तियाँ धड़ल्ले से प्रयुक्त हुईं। हालाँकि इनमें सभी प्रयोग एक-जैसे नहीं हैं, और कई बार फैशनपरस्ती ज्यादा दिखती है लेकिन ये इस बात के प्रमाण हैं कि स्वातन्त्र्योत्तर काल के हिन्दी नाटक-रंगमंच की लोकधारा का पूरी तरह अन्वेषण किये बिना हिन्दी साहित्येतिहास का पुनर्लेखन अधूरा है। उस सूची में से कुछेक नाटकों का जिक्र-भर यहाँ होगा। इस उम्मीद के साथ कि आपने इनका अध्ययन जरूर किया होगा, एक निवेदन के साथ कि आप इन्हें रंगमंच की लोकधारा के अन्वेषण के लिहाज से एक बार फिर से पढ़ें और निष्कर्ष निकालें। इस सन्दर्भ में इस दौर के जो महत्त्वपूर्ण नाटक हैं, वे हैं—ज्ञानदेव अग्निहोत्री का 'शुतुरमुर्ग', मणिमधुकर के 'रसगन्धर्व', 'दुलारीबाई', रूसी नाटककार गोगोल की रचना 'इंस्पेक्टर जनरल' का मुद्राराक्षस द्वारा किया गया नौटंकी-रूपान्तरण—'आला अफसर', सर्वेश्वर दयाल सक्सेना का 'बकरी', लक्ष्मीनारायण लाल के 'कलंकी', 'एक सत्य हरिश्चन्द्र' 'सगुनपंछी', सुशील कुमार सिंह का 'सिंहासन खाली है', शरद जोशी का 'एक था गधा', अजित पुष्कल का 'घोड़ा घास नहीं खाता', उर्मिल कुमार थपलियाल का 'हरिचन्नर की लड़ाई', असगर वजाहत का 'वीरगति' आदि-आदि। 1980 के बाद आज तक इस मुहावरे के नाटक लिखे जा रहे हैं, लखनऊ, भोपाल, आरा, पटना, जबलपुर, बेगूसराय, दरभंगा, रायपुर, दिल्ली, आगरा-जैसे रंगकेन्द्रों में स्थानीय लोकरंग-परम्परा को लेकर अनेकानेक प्रयोग हुए हैं, इनमें से कुछ ही राष्ट्रीय स्तर पर अपना ध्यान खींच पाते हैं। अपनी जनपदीय विशिष्टताओं के चलते ही यह हमारा ध्यान अलग से खींचते हैं। लेकिन इन सबके बीच एक घटना की ओर अलग से ध्यान देना जरूरी है। वह है—आठवें दशक के अन्त में ब.व. कारंत की राष्ट्रीय

हरिचन्नर की लड़ाई : उर्मिल कुमार थपलियाल, दर्पण, लखनऊ,

महाभोज : मन्नू भंडारी, डोगरी रूपान्तर : रामनाथ शास्त्री

नाट्य विद्यालय के निदेशक-पद पर ब.व. कारंत की नियुक्ति।

पिछले व्याख्यान में मैंने भारतेन्दु के सन्दर्भ में यह बात कही थी कि भारतेन्दु-युग का 1980 से 2000 के बीच पुनः अवतरण हुआ, तो इसका कारण ब.व. कारंत की उपस्थिति से हिन्दी रंगमंच में प्रयोग के स्तर पर आ रहे दृष्टिकोण का परिवर्तन ही है। अपने रंगमंचीय सृजन के लिए हजार वर्ष की बहुरंगी लोकधारा के अन्वेषण की एक अखिल भारतीय प्रक्रिया चल रही थी और पश्चिमी रंग-जगत में भी नयी हलचलें थीं, इसलिए पणिक्कर, शिवराम कारंत के साथ फ्रिट्ज बेनेविट्ज, पीटर ब्रुक के रंगकर्म से हिन्दी जगत साक्षात्कार कर रहा था। इस पूरी प्रक्रिया के बीच ब.व. कारंत एक तरफ तो भारतेन्दु-प्रसाद के जरिये हिन्दी के अपने जातीय रंगमंच की खोज कर रहे थे, दूसरी ओर वे आगे चलकर भोपाल में काम करते हुए हिन्दी की लोकबोलियों के रंगमंच का नया मुहावरा गढ़ने की कोशिश कर रहे थे। कर्नाटक की व्यावसायिक थिएटर-कम्पनी, कर्नाटक-हिन्दुस्तानी संगीत की परम्परा, बनारस में हिन्दी अध्ययन, शौक़िया रंगमंच, यक्षज्ञान नाट्य-परम्परा—सबने मिलकर कारंत के रंग-व्यक्तित्व को ढाला। यही वजह है कि राष्ट्रीय नाट्य विद्यालय, या आगे चलकर भोपाल रंगमंडल दोनों संस्थान हिन्दी रंगमंच के वैविध्यपूर्ण रास्तों पर चले जो लोकरंग-परम्परा के बीच से गुजरते हैं। ब.व. कारंत के हिन्दी रंगमंच को अवदान पर एक-एक कर चर्चा यहाँ सम्भव नहीं है। उन्होंने कामना, विशाखदत्त, स्कन्दगुप्त, विद्यासुन्दर, अन्धेर नगरी की नयी रंगमंचीय व्याख्या की और हमारे बहुत-सारे भ्रम तोड़े। इस सन्दर्भ में लगभग सौ साल बाद केवल 1980 ई. में किये गये 'अँधेर नगरी' के उनके प्रदर्शन पर थोड़ी चर्चा महत्त्वपूर्ण है। इस समय लगभग सौ साल बाद 'अँधेर नगरी' अचानक क्यों केन्द्र में आ गया, अगर 1975 के आपातकाल को याद रखें तो यह हमारी समझ में आ जाएगा। आपकी सूचना के लिए बता दूँ कि आपातकाल के दौरान कई रचनाओं के प्रसारण-प्रदर्शन-प्रकाशन पर प्रतिबन्ध लगाया गया, उनमें 'अँधेर नगरी' भी है। ब्रजरत्न दास द्वारा सम्पादित 'भारतेन्दु ग्रन्थावली' का वह पन्ना, जिस पर तत्कालीन प्रशासनिक अधिकारियों द्वारा 'अँधेर नगरी' के कई अंशों को 'प्रसारण योग्य नहीं', लिखकर काटा गया है—आकाशवाणी पटना की लाइब्रेरी में रखा हुआ है। उन अंशों में ये पंक्तियाँ भी हैं—चूरन साहब लोग जो खाता/सारा हिन्द हजम कर जाता! उन अंशों में 'जात ले लो जात' वाला पूरा प्रसंग है, या कई अन्य अंश, जिन्हें देखकर आप आश्चर्य में पड़ जाएँगे, ये उस समय प्रसारण-योग्य क्यों नहीं थे? जो प्रहसन ब्रिटिश राज में प्रतिबन्धित नहीं हुआ, वह इन्दिरा-राज में क्यों हुआ? शोधार्थियों को उस समय के प्रशासनिक अधिकारियों से

यह सवाल करना चाहिए। बहरहाल इसी समय गुजराती भाषा में, वहाँ के लोकनाट्यरूप 'भवई' की शैली में केतन मेहता ने एक फिल्म बनाई 'भवनीभवई' और इसमें नसीरुद्दीन शाह ने जिस सनकी-मूर्ख राजा की भूमिका की है, वह 'अँधेर नगरी' का चौपट राजा ही है, उसकी कथा भी मिलती-जुलती है और सन् 1980 में ब.व. कारंत द्वारा की गयी 'अँधेर नगरी' की व्यापक फलक पर परिकल्पित प्रस्तुति काफी महत्त्वपूर्ण है। जिसमें राजा के मरने के बाद महंथ राजा बन जाता है और एक बार फिर से 'अन्धेर नगरी' चल पड़ती है। कारंत ने एक साक्षात्कार में बताया कि इन्दिरा शासन के पतन के बाद जनता पार्टी सरकार के हश्र को देखकर उन्हें 'अन्धेर नगरी' का यह नया अन्त सूझा। यह 1980 के दशक में हिन्दी रंगमंच पर ब.व. कारंत की स्थायी उपस्थिति है।

यह तो स्पष्ट है कि हिन्दी-रंगमंच में हिन्दीतर भाषाओं की निरन्तर आवाजाही ने उसका एक खास चेहरा गढ़ा। 'तुगलक' (गिरीश कार्नाड) कन्नड़ भाषा का नाटक है, लेकिन उसको व्यापक स्वीकृति ब.व. कारंत द्वारा किये गये उर्दू अनुवाद से मिली। आधुनिक काल में भाषान्तरण, नाट्य-रूपान्तरण और अनुवाद से भी हिन्दी रंगमंच का स्वरूप गढ़ा जा रहा था और हिन्दी रंगमंच की लोकप्रियता में इसने बड़ी भूमिका निभाई। निवेदन है कि 'अनुवादजीवी' कह-कह कर हमें फिर हीनभाव में डालने का प्रयास न करें। यदि किसी भाषा की रचना 'हिन्दी वागाभिनय' में रूपान्तरित हो गयी, तो वह हिन्दी नाटक-रंगमंच ही है। कृपया साहित्य में होने वाले अनुवादों से इस प्रक्रिया की भिन्नता को समझिए, जहाँ अनुवाद केवल अनुवाद ही रहता है। लेकिन 'तीन टके का स्वाँग' (ब्रेख्त के थ्री पेनी ऑपेरा पर आधारित) या 'सौदागर' (एक्सेप्शन एंड दि रूल पर आधारित), या 'आला अफसर' (गोगोल के इंस्पेक्टर जनरल का नौटंकी-रूपान्तरण), या मोलियर के मूल फ्रेंच नाटक 'बुर्जुआ जेंटिलमैन' के किये गये तीन-तीन रूपान्तरण—छठे दशक में हबीब तनवीर द्वारा 'लाला शोहरतराय', अस्सी के दशक में रणजीत कपूर द्वारा 'कौआ चला हंस की चाल' और इसी इक्कीसवीं शताब्दी के पहले दशक में परवेज अख़्तर द्वारा रूपान्तरित 'साला मैं तो साहब बन गया'—ये सब हिन्दी रंगमंच की विविध अभिव्यक्तियाँ हैं। मैं शेक्सपियर के नाटकों के रांगेय राघव द्वारा किये गये अनुवादों को 'साहित्य' के अन्तर्गत मानता हूँ, लेकिन 'मैकबेथ' का रघुवीर सहाय द्वारा किया गया रूपान्तरण 'हिन्दी रंगमंच' की ही गतिविधि है। इसी तरह विजयदान देथा की दो-दो कहानियों के आधार पर दो शक्तिशाली हिन्दी रंगमंचीय रचनाएँ की गयीं—असगर वजाहत का 'वीरगति' और हबीब तनवीर का 'चरनदास चोर'। 'चरनदास चोर' की अपार

एंटीगनी : अवध थिएटर

और तोता बोला (जो कुमार स्वामी) चन्द्रशेखर कम्बार : अनु. वसंतदेव, सतीश आनन्द।
कला संगम, पटना

लोकप्रियता में हमें तो कई बार विजयदान देथा का नाम विस्मृत हो जाता है। मूल रचनाकार जब गुम हो जाता है, तभी शक्तिशाली लोकप्रिय नाट्य-प्रस्तुति सामने आती है।

मैं पहले भी निवेदन कर चुका हूँ कि रंगमंच केवल नाटक-निर्भर विधा नहीं है, दूसरे हिन्दी रंगमंच में मौलिक नाटकों की कमी के शोर के कोई मायने नहीं है। जैसे कालिदास, भवभूति, विशाखदत्त, भास के बिना हिन्दी-रंगमंच का वास्तविक इतिहास नहीं लिखा जा सकता, उसी तरह स्वातन्त्र्योत्तर काल में बादल सरकार, गिरीश कार्नाड, विजय तेन्डुलकर, महेश एलकुंचवार, सतीश आलेकर उत्पल दत्त, देवाशीष मजूमदार, अरुण मुखर्जी-जैसे अनेकानेक भारतीय नाटककारों के साथ शेक्सपियर, मोलियर, सोफोक्लीज, यूरीपिडीज, अल्बैर कामू, बर्तोल्त ब्रेख्त, चेखव, इब्सन, दारियो फो-जैसे पश्चिमी नाटककारों के बिना 'हिन्दी-रंगमंच' का इतिहास अधूरा है। इस बात पर जोर देने की जरूरत है कि इनसे हिन्दी वागाभिनय और शक्तिशाली बन कर सामने आया है। और इनमें से कइयों की रचनाएँ बुन्देलखंडी, भोजपुरी, छत्तीसगढ़ी, मगही की स्थानीय लोक रंग-परम्परा के मुहावरे में फिर गढ़ी गयीं। आधुनिक हिन्दी नाटक-रंगमंच की लोकधारा के अन्वेषण के क्रम में उभरा यह एक महत्त्वपूर्ण ऐतिहासिक पहलू है।

अन्त में दो बातों की चर्चा और। नुक्कड़ नाटक और एकल अभिनय। 'नुक्कड़ नाटक' स्वातन्त्र्योत्तर काल के हिन्दी रंगमंच की एक विशिष्ट पहचान है। मेरे जानते हिन्दीभाषी क्षेत्र में जिस तरह धुआँधार नुक्कड़ नाटक होते हैं, भारत के किसी अन्य क्षेत्र में नहीं होते। (इसी तरह 'कहानी का रंगमंच' विश्व के किसी भी भाषा-क्षेत्र में उस तरह नहीं है, जैसे हिन्दी-रंगमंच में है) 'नुक्कड़ नाटक' के बारे में बताने की आवश्यकता नहीं है कि उसका सीधा सम्बन्ध हमारे अपने लोक-रंगमंच से है। इस नाट्य-रूप की अनौपचारिकता, शिक्षाप्रद होना, तात्कालिकता, खुलापन, नृत्य-संगीत-अभिनटन आधारित होना, आशुरचना की सम्भावना यह सब कुछ उसे हजार वर्ष की लोकरंग-परम्परा के नज़दीक ले जाता है। आपातकाल, नक्सलबाड़ी आन्दोलन, छात्र आन्दोलन, वामपन्थी राजनीति आदि-आदि की प्रेरक भूमिकाओं की तफ्सील में जाने की आवश्यकता नहीं है। सफ़दर हाशमी की शहादत जैसे एक-साथ बहुत कुछ व्यक्त कर देती है। 'हल्ला बोल' के प्रदर्शन के दौरान उस सर्जक की हत्या ही नहीं हुई, एक दर्शक रामबहादुर की भी जान गयी। नुक्कड़ नाट्य-आन्दोलन ने हिन्दी-रंगमंच के नये सृजन में दर्शकों की भूमिका को पुनः केन्द्रीय बना दिया। हिन्दी रंगमंच-नाटक की लोकधारा के केन्द्र में 'दर्शक' हैं।

दूर देश की कथा : पटना इप्टा

मुक्ति पर्व: पटना इप्टा

'एकल अभिनय' की परम्परा बीसवीं शताब्दी के अन्तिम दशक से जिस तरह शुरू हुई, उस तरह आधुनिक रंगमंच-नाटक के क्षेत्र में कभी नहीं हुई। एकाध उदाहरण आप भारतेन्दु के 'श्रान्त पथिक' या 'चूसा पैगम्बर' के अभिनय का दे सकते हैं। हालाँकि 'एकल अभिनय' की लोक रंग-परम्परा में एक मजबूत उपस्थिति मिलती है। नाट्यशास्त्र में विवेचित रूपकों का एक भेद 'भाण' है, जो एकपात्रीय होता है, भारतेन्दु ने इसी रूप में अपने 'विषस्य विषमौषधम' की रचना की है। लेकिन पूरे आधुनिक हिन्दी रंगमंच-नाटक के इतिहास में इन पिछले दो दशकों से पूर्व 'एकल अभिनय' की ठोस जानकारी नहीं मिलती। लेकिन बारहवीं शताब्दी से विकसित हिन्दी लोकरंग-परम्परा में भाँड़, स्वाँग, बहुरूपियों के खेल मौजूद हैं, जो दरअसल 'एकल अभिनय' के ही रूप हैं। हिन्दी के कुछ समर्थ अभिनेता इस 'एकल अभिनय' से सामने आये हैं—आशीष विद्यार्थी, अनुपम खेर, आलोक चटर्जी, पीयूष मिश्र, अजय कुमार, क्रान्ति भट्ट, उषा गांगुली, विनोद कुमार, मोना झा, विजय कुमार आदि। 'एकल अभिनय' अभिनेता को मंच पर 'प्रिज्म' के रूप में बदल देता है, जिससे गुजर कर प्रकाश की किरणें कई रंगों में बदल जाती हैं, कभी वह विदूषक नज़र आता है, कभी खलनायक, कभी कथावाचक तो कभी सूत्रधार। और ये अभिनेता क्या करते हैं, कभी वे पैर में घुंघरू बाँध लेते हैं, या गले में हारमोनियम या ढोलक लटका लेते, कभी सधे हुए नट की तरह मंच पर कलाबाजी खाते हैं और अभिनय का आधार कभी भीष्म साहनी, या विजयदान देथा की कोई कहानी बन जाती है, कभी हरिशंकर परसाई की कोई व्यंग्य-रचना या फिर कोई लोकप्रचलित कथा, मंच पर इन अभिनेताओं की लगातार हो रही नयी-नयी आशुरचनाएँ सामने आती हैं।

यह स्वातन्त्र्योत्तर काल के हिन्दी-रंगमंच-नाटक की लोकधारा के अन्वेषण का एक छोटा-सा प्रयास है जो सबके सामने बहस के लिए प्रस्तुत है और इस क्रम में जिन नाट्य धाराओं-प्रवृत्तियों-नाटककारों का उल्लेख नहीं कर सका उसकी वजह मेरे विषय की सीमा है। इस सन्दर्भ में कोशिश यही रही है कि लगातार कुछ अदृष्ट पक्ष सामने लाया जा सके। इतना तो स्पष्ट है कि जब हम रंगमंच-नाटक के सन्दर्भ में हिन्दी साहित्येतिहास का पुनर्लेखन करेंगे, तब व्याख्यान से उभरे कई नतीजे बहुत काम के होंगे।

हबीब तनवीर : मौत के रू-ब-रू रंजक क्षणों की उपस्थिति

1 सितम्बर, 2009 को पटना में हबीब तनवीर के जन्म दिन को वहाँ के रंगकर्मियों ने मिलकर 'हिन्दुस्तानी रंगमंच दिवस' के रूप में मनाया। हिन्दी के कवि आलोक धन्वा ने उस दिन जो वाक्य कहा आज मैं उसी वाक्य से इस व्याख्यान की शुरुआत कर रहा हूँ–"हबीब तनवीर की आवाज में हमारे पुरखों की आवाज है।" मौत के रू-ब-रू रंजक क्षणों की उपस्थिति। यही हैं हबीब तनवीर। हम यह मौत देखते हैं, जब चरनदास चोर को मारा जाता है अथवा जब 'बहादुर कलारिन' में माँ बेटे को विष दे कर मारती है और खुद छुरा घुसेड़ कर मर जाती है। यह मौत का सामना या मौत से मुठभेड़ हबीब तनवीर के हर नाटक में किसी-न-किसी रूप में दिखती है लेकिन महत्त्वपूर्ण यह नहीं है कि हबीब साहब मौत से मुठभेड़ करते हैं जो कि ग्रीक ट्रैजिडी में भी या हमारे लोकरंगमंच के कई रूपों में है। यह मौत से मुठभेड़ इसीलिए ज्यादा हमारे दिल की गहराई को छूनेवाली बन जाती है क्योंकि मौत के रू-ब-रू हबीब तनवीर रंजक क्षणों को पकड़ लेते हैं। 'चरनदास चोर', 'बहादुर कलारिन', 'एक औरत हिपेशिया भी थी' आदि नाटकों में हर जगह मौत का सामना है, लेकिन मौत का सामना करते हुए भी जिन्दगी में जो रंजक तत्त्व हैं, वह उनमें मौजूद रहते हैं।

हबीब तनवीर ने लम्बा जीवन जिया। 8 जून 2009 को उनका निधन हुआ। वे पचासी वर्ष के थे लेकिन लम्बी आयु उनकी उपस्थिति को हमारे बीच स्थायी नहीं बनाती। भारतीय रंगमंच के तो वे शिखर पुरुष थे ही, लेकिन जिस ढंग से उन्होंने जीवन जिया, संघर्ष के थपेड़े खाये, अपना-आपा खोये बिना चुनौतियों का सामना

किया और सबसे बढ़कर उन्होंने अपने हाथों अपना जो भिन्न परिवेश रचा, वही उन्हें जीते जी अमर कर गया। सितम्बर 1923 को रायपुर में जन्मे हबीब अहमद खाँ जो उर्दू में शेरो-शायरी के लिए खुद को 'तनवीर' कहने लगे, उनकी जीवन-यात्रा को देखने वाला इसी निष्कर्ष पर पहुँचेगा कि मनुष्य का जीवन अनेक तरीकों से गढ़ा जाता है। जो शक्ल आज हमें इतनी जानी-पहचानी लगती है, वह दरअसल अनेक तरह के जीवन दबावों के बीच गढ़ी जाती है। कभी-कभी आश्चर्य होता है कि यह जो सीधा-सादा मानव-व्यक्तित्व है, उसके निर्माण में इतनी तरह के पेचोखम और मोड़ हैं! हबीब तनवीर को एक रंगकर्मी के तौर पर हम जानते ही हैं। हममें से कई ने उनके नाटक भी देख रखे हैं, कइयों की उनसे सीधी मुलाकात हुई है, और कई उनके साथ वर्षों रहकर उनसे बहुत कुछ सीख चुके हैं। ये लोग तो हबीब तनवीर को याद रखेंगे ही, लेकिन असली बात यह है कि अब हबीब तनबीर उन हज़ारों-हज़ार दर्शकों की याद का हिस्सा बन चुके हैं जो आमजन मजदूर हैं जो खेती-किसानी से मिले हुनर को पुरखों से बचाए हुए हैं और जो एकरूपता में ढाली जा रही इस इक्कीसवीं शताब्दी में अपनी अलग स्थानीय संस्कृति को सँजो कर रखे हुए हैं। यही तो वे लोग हैं जो शायद बहुत दिनों तक यह नहीं जान पाएँगे कि यह जो उनकी भाषा और हरकत में उन्हीं की कहानी कहने वाला शख्स था, उसकी साधारण-सी दिखनेवाली शख्सियत के पीछे असाधारण जीवन-संघर्ष था।

जब हबीब तनवीर का जन्म हुआ, तब हालाँकि छत्तीसगढ़ अलग राज्य नहीं बना था। लेकिन छह जिलों—रायपुर, बिलासपुर, दुर्ग, राजनाँदगाँव, रायगढ़ और बस्तर की छत्तीसगढ़ी भाषा और विशिष्ट आदिम संस्कृति की रंग-बिरंगी छटा जरूर मौजूद थी। हबीब ने इसी संस्कृति के उत्सवों, नाटकीयता, तमाशों के अनोखे वातावरण में आँखें खोलीं। तंगहाली-बदहाली में भी इस क्षेत्र का जीवन-रस नहीं सूखा था। हबीब के भाई-बहनोई का पारसी थिएटर से प्रभावित होकर 'मोहब्बत के फूल'-जैसे नाटकों में भाग लेना और खुद ग्यारह साल की उम्र में शेक्सपियर के नाटक 'किंग जॉन' में प्रिंस ऑर्थर की भूमिका निभाना—उनके भविष्य की ओर संकेत हैं लेकिन यह तो शायद हर भारतीय गाँवों-कस्बों के परिवेश में रह रहे किसी भी किशोर के जीवन का एक जरूरी पड़ाव है। तमाशा, नाटकीयता, उत्सव, संस्कृति की छवियाँ हर किशोर के जीवन का अनिवार्य पड़ाव हैं, जिनसे हबीब भी गुजरे। उस समय हबीब की आयु मात्र दस-ग्यारह वर्ष थी जब रंगमंच का जादू उन पर चला। एक संस्मरण में उन्होंने दर्ज किया है कि "उन दिनों अनेक अव्यावसायिक रंगकर्मियों के लिए पारसी थिएटर के नाटकों के अलावा अन्य नाटकों का सहारा

नहीं था। यही छपते, वितरित और प्रसारित होते और उनमें गाना-नाच और वह सब कुछ होता जो पारसी रंग-शैली की विशेषता है। इनमें मेरी प्रबल आसक्ति थी क्योंकि उन दिनों टिकट खरीदने वालों को लुभाने के लिए थिएटर के बाहर संगीतकारों का भरा-पूरा गाता-बजाता एक पूरा दल हुआ करता था। इस तरह वहाँ बड़ी नाटकीयता, तमाशा और उत्सव का माहौल बनता था। निश्चय ही यह संगीत-मण्डली नाटक का एक हिस्सा होती थी—जो भीतर आकर नाटक की शुरुआत करती थी और एक लम्बे पूर्वरंग के बाद पर्दा उठता था। पर्दा दोनों बाजुओं की ओर नहीं, ऊपर की ओर उठता था। मैं सोचता था कि पर्दे के ऊपर उठने में किसी जादू-जैसी कैफियत है क्योंकि इस तरह हम सारे कलाकारों को उनके पैरों से ऊपर तक दृष्टिगोचर होते हुए देखते थे। हमलोग थोड़ा-थोड़ा करके उनकी खूबसूरत भड़कीली पोशाकों को रफ्ता-रफ्ता कर देखते चलते थे, जब तक कि उनके सिर के पेंच-कलगी-तुर्रे नज़र नहीं आ जाते थे। खूबसूरत दिखाई देने वाले उनके खूब रंगे-पुते चेहरे, कजराई सुन्दर आँखें हुआ करती थीं। वे सभी बहुत सारे गहने पहने हुआ करते थे। इसके बाद वे ठीक संस्कृत रंगमंच की परम्परा की तरह प्रारम्भिक गीत-वन्दना गाते थे। जो सरस्वती अथवा गणेश की स्तुति हुआ करती थी। इस तरह नाटक की शुरुआत होती थी और मैं मन्त्रमुग्ध हो जाता था।" यह थिएटर का जादू था जिससे हबीब तनवीर का बचपन में साबका पड़ा—तमाशा, नाटकीयता, रंगीनी, जादू।

हबीब तनवीर के पिता पेशावर मूल के पठान थे, लेकिन उनकी माँ रायपुर की थीं। शायद इसीलिए रायपुर, छत्तीसगढ़ से उनका दूध का रिश्ता था, जिसका कर्ज उन्होंने आगे चलकर उतारा, छत्तीसगढ़ के नाचा, पांडवाणी को और उनके अर्द्ध-शिक्षित, अशिक्षित लोककलाकारों को अन्तर्राष्ट्रीय स्तर पर प्रतिष्ठित कर। मैं जब यह बात कह रहा हूँ तो मुझे भी कुछ कर्ज़ याद आते हैं, जो शायद अब तक नहीं उतरे हैं। हबीब साहब ने उर्दू में आगे पढ़ाई की, ज़ाहिर है अपने पेशावरी पिता को नाराज़ करके। शुरू में नागपुर विश्वविद्यालय में और बाद में चलकर अलीगढ़ विश्वविद्यालय में, जहाँ से वे अन्तिम वर्ष की पढ़ाई छोड़कर बाहर निकल आये। यह बेचैनी इस बात का पता देती है कि बीस वर्षीय हबीब तनवीर कोई दूसरी राह तलाश रहे हैं, जिसका उन्हें खुद पता नहीं। उन्होंने पहले तो शिक्षक बनना चाहा, लेकिन अचानक उनका झुकाव फिल्मों की तरफ हो गया। के.एल. सहगल के 'देवदास' का एक गीत—'दुख के दिन बीतत नाहीं', हबीब तनवीर के पसन्दीदा गीतों में से एक था। उम्र के सबसे नाजुक मोड़ पर न्यू थिएटर, बाम्बे टॉकीज, प्रभात सिनेटोन की फिल्मों में जागीरदार, चन्द्रमोहन, शांता आप्टे, के. एल. सहगल, पहाड़ी सान्याल का अभिनय

देखते और उन फिल्मों के गीत सुनते उन्होंने बम्बई जाने का फैसला किया, जिसके लिए उन्हें मौका भी मिल गया।

नियति कई बार कई तरीके से मौके देती है। वह खुद मनुष्य के सामने कई रास्ते खोल देती है और अर्थपूर्ण इशारे करती है। जो नियति के इन इशारों को समझता है वह उन अनदेखे रास्ते पर बढ़ चलता है। कई बार यह बिना सोचे कि आगे खाई होगी या खन्दक या फिर कोई सुन्दर हरा-भरा आँगन। मनुष्य इन्हीं अनदेखे रास्तों पर भटकते और वापस मुड़ते और फिर दूसरे रास्ते पर चलते-अटकते ही तो अपनी मंजिल खोजता है, या फिर ऐसी राह पर जो अभी तक खोजी नहीं गयी। हबीब तनवीर को मौका मिला नौसेना की परीक्षा से। नौ सेना की परीक्षा का केन्द्र मुम्बई और उनके आकर्षण का केन्द्र मुम्बई। और उनको यह मौका नियति ने दिया। परीक्षा के बहाने वे मुम्बई गये और फेल हुए। शायद जानते-बूझते, क्योंकि उन्हें मुम्बई जाना था। उन्होंने मुम्बई ही में रुकने का फैसला किया, जैसाकि उनकी नियति इशारा कर रही थी। एक फिल्म में वह नायक भी बने जो बन्द हो गयी। दरअसल कोई इसी तरह अपने अनिर्दिष्ट भविष्य की ओर बढ़ता है। एक उम्र व्यक्तित्व के बनने की होती है और एक फैसला करने की घड़ी जो उसका भविष्य निर्धारित करती है। लेकिन बहुत-कुछ ऐसा होता है जो अन्तिम रूप से कभी सामने नहीं आता। जीवन संघर्ष के दौरान अनुभव के संचित कोष में ऐसा बहुत कुछ शेष रह जाता है जो दिखने में अत्यन्त साधारण लगता है, लेकिन कई बार इसके नतीजे बड़े असाधारण निकलते हैं। हबीब तनवीर ने उर्दू में शायरी की, आकाशवाणी में नौकरी करते हुए कई संगीतात्मक रूपक लिखे, 'फिल्म इंडिया'-जैसी पत्रिका का सम्पादन किया, स्वतन्त्र पत्रकारिता की, एक फैक्ट्री में सुपरवाइज़र भी बने। फैक्ट्री में पूर्वी-उत्तर प्रदेश और बिहार के मजदूरों के बीच उन्होंने वक्त गुज़ारा, उन्हें पता चला कि भाषा दरअसल लगातार उन लोगों के द्वारा गढ़ी जाती है जो उसका उपयोग करते हैं, जिन्हें इसकी ज़रूरत है और जो इससे रोज़ी-रोटी कमाते हैं। नये-नये शब्द उनके द्वारा गढ़े जाते हैं जो नयी-नयी चीज़ें गढ़ते हैं। उन्हें यह समझ में आया कि बोलियाँ ही महान साहित्य का मूल हैं। चाहे वह शेक्सपियर हों चाहे अन्य अनेकानेक लोग। यही समझ उन्हें आगे चलकर नज़ीर अकबराबादी की ओर ले गयी, फिर छत्तीसगढ़ी बोली के उस खज़ाने की ओर जिसने भारतीय रंगमंच का मुहावरा ही बदल दिया।

हबीब तनवीर के शब्दों में "मैं सुपरवाइज़र था और वहाँ काम करने वाले कामगारों से बातचीत किया करता था। वे ज्यादातर पूर्वी उत्तर प्रदेश, बनारस और

इलाहाबाद के थे और वे अपनी स्थानीय बोली बोलते थे। अंग्रेजी शब्दों को अपनी हिन्दी में डालकर उनका हिन्दुस्तानीकरण करने में उन्हें दक्षता हासिल थी। जैसे-टापिया तो बना लिया है अब बटामिया बनाना है। अंग्रेजी शब्द 'टॉप' और 'बॉटम' शब्द के लिए उनका यह प्रयोग होता था। हिन्दी-उर्दू दोनों में ही मैं उनके प्रयोग देखकर आश्चर्यचकित रह गया।" यही हबीब तनवीर हैं जिन्होंने लोक-बोली की ताकत समझी और उसकी सृजनात्मकता समझी। हालाँकि अभी उन्हें और ज्यादा प्रयोग करने थे, ज़िन्दगी के कई रास्ते को उन्हें टटोलना था, उन्हें अभी भी कई जगहों पर भटकना था।

सन् 1945-46 में मुम्बई केवल फिल्म-नगरी नहीं थी, मजदूर आन्दोलन और प्रगतिशील सांस्कृतिक आन्दोलनों का गढ़ भी थी। यहीं हबीब तनवीर पहले प्रगतिशील लेखक संघ के सम्पर्क में आये और बाद में इप्टा के। प्रगतिशील लेखक संघ की पत्रिका 'नया अदब' से उनकी ग़ज़लों का संग्रह भी प्रकाशित हुआ। इतिहास के कुछ चर्चित नाम—सज्जाद ज़हीर, कृश्नचन्दर, इस्मत चुग़ताई, सरदार जाफ़री से उनकी निकटता बढ़ी। उन्होंने मुशायरों में शामिल होने के लिए देश के अलग-अलग हिस्सों की यात्राएँ कीं। इप्टा ने रंगमंच से जुड़े उनके बुनियादी नज़रिये में परिवर्तन ला दिया। भारतीय रंगमंच के इतिहास में इप्टा की भूमिका मात्र इस मायने में महत्त्वपूर्ण नहीं है कि उसने गरीबों, मज़लूमों, किसानों को रंगमंच का नायक बनाया, बल्कि इस मायने में भी महत्त्वपूर्ण है कि उससे नये रंगमंचीय शिल्प और मुहावरों को गढ़ा जिनकी जड़ें स्थानीय, जनपदीय लोक संस्कृति में थीं। तमाशा, लावणी, भवई, नौटंकी जैसे लोकनाट्य-रूप और अनेकानेक लोकधुनें जिन पर नयी-नयी तहरीरें लिखी जा रही थीं। ये सभी हबीब तनवीर के नये रंग-व्यक्तित्व का आधार बन रही थीं। पच्चीस वर्ष की आयु में हबीब तनवीर ने ख्वाजा अहमद अब्बास की एक फिल्म 'परदेसी' में नायक बने रूसी अभिनेता को अपनी आवाज़ दी। बलराज साहनी, दीना पाठक, शैलेन्द्र, मोहन सहगल आदि बहुत सारे नाम हैं जिनके साथ हबीब तनवीर काम करते और इप्टा के राष्ट्रीय सम्मेलनों में भाग लेते। एक समय ऐसा आया कि खुद हबीब तनवीर को इप्टा की पूरी कमान सँभालनी पड़ी, क्योंकि मज़दूर हड़ताल के दौरान सारे बड़े नेता जेल में डाल दिये गये थे। उन्हें मंच का निर्देशक बनना पड़ा। जबकि वह एक अभिनेता बनना चाहते थे।

हबीब तनवीर के अभिनेता बनने का संस्मरण बड़ा रोचक है। अक्सर जब वे हमलोगों से मिलते थे, तब इस संस्मरण का उल्लेख करना नहीं भूलते थे। जो अभिनेता बनना चाहते हैं, उनके लिए यह बड़ा रोचक संस्मरण है। 'जादू की कुर्सी' नामक नाटक में और इसके अलावा कई नाटकों में भाग लेते हुए एक नाटक जो

वियतनाम युद्ध पर लिखा गया था, उसमें हबीब तनवीर ने एक बूढ़े की भूमिका की। उस नाटक का निर्देशन कर रहे थे—बलराज साहनी। निर्देशन करते हुए वे दृश्य को समझा रहे थे कि इस दृश्य में एक बूढ़े किसान का बेटा मर जाता है, तुमको रोना है। युवा हबीब ने रोने का प्रयास किया लेकिन कई तरह के प्रयास और कई तरह के अभ्यास के बाद भी वे सफल नहीं हो पाये। तब अचानक बलराज साहनी आगे बढ़े और उन्होंने एक झन्नाटेदार थप्पड़ उनके चेहरे पर लगा दिया! बलराज साहनी जैसे वरिष्ठ निर्देशक-अभिनेता के अचानक झन्नाटेदार थप्पड़ जड़ देने से हबीब तनवीर की आँखों से आँसू आ गये और जब वे रोने लगे तब बलराज साहनी ने कहा कि इसे याद रखना यह 'मसल मेमोरी' है। दरअसल हबीब तनवीर अभिनेता बनना चाहते थे और यही वजह है कि अपने हर नाटक में सारी निर्देशकीय व्यस्तताओं के बावजूद वे कोई-न-कोई भूमिका अपने लिए चुन लेते थे। 'चरनदास चोर' में छोटी कद-काठी में फुदकते हुए हबीब तनवीर को कोई कभी नहीं भूल सकता।

एक बात हबीब तनवीर की समझ में आ गयी थी कि फिल्म विधा अभिनेता का माध्यम नहीं है। इसको लेकर इप्टा में लम्बी-लम्बी बहसें हुआ करती थीं और बलराज साहनी-जैसों से बहस करते हुए पच्चीस वर्षीय हबीब तनवीर इसी स्थापना पर जोर देते रहे कि 'फिल्म' अभिनेता का माध्यम नहीं है। अभिनेता फिल्म विधा में कोई परिवर्तन नहीं कर सकता है, वह चाहे कुछ भी कर ले, उसके लिए कोई 'स्पेस' नहीं है और वह फिल्म में अपने दृष्टिकोण, अपने नज़रिये से कोई परिवर्तन नहीं कर सकता, यह इस माध्यम की विशिष्टता है। तब अचानक जो फिल्म के इतने प्रशंसक थे, जिन्होंने अपनी किशोरावस्था को पार किया फिल्म देखते हुए, फिल्मी संगीत सुनते हुए, के.एल. सहगल के गीत को गुनगुनाते हुए, जो दस साल तक फिल्म में अभिनय करने के मौके ढूँढ़ता रहा और जिसने कई छोटी-मोटी भूमिकाएँ भी कीं, वह अचानक समझता है कि दरअसल यह मेरी जगह नहीं है। जैसाकि मैंने पहले भी निवेदन किया कि कई रास्तों पर चलते हुए, फिर से दूसरे रास्ते पर वापस आते हुए, भटकते हुए ही दरअसल मनुष्य अपनी मंजिल की तलाश करता है। कई बार तो उस मंजिल पर पहुँचने पर पता चलता है कि यह शायद उसकी मंजिल नहीं है, वह फिर नये रास्तों पर चल पड़ता है। हबीब तनवीर को देखते हुए तो बार-बार मुझे यही लगता है कि उन्होंने कई रास्तों पर चलने की कोशिशकी। बार-बार उसको पाने की कोशिश की जो उनका लक्ष्य था। उन्होंने दिल्ली लौटना निश्चय किया।

1954 का वह समय इस दृष्टि से बहुत महत्त्वपूर्ण है कि उसने भारतीय रंगमंच के मुहावरे को ही बुनियादी तौर पर बदलना शुरू कर दिया, 'आगरा बाज़ार' की थोड़ी चर्चा मैंने पीछे की थी। नज़ीर अकबराबादी उर्दू के ऐसे कवि हैं, जो कलीमुद्दीन

अहमद से लेकर बड़े-बड़े उर्दू के आलोचकों के द्वारा उपेक्षित रहे। उर्दू साहित्य की परम्परा में नज़ीर को बहुत अच्छी नज़र से नहीं देखा गया, क्योंकि मीर और ग़ालिब ही सबसे ऊँचे मापदण्ड थे और जैसा कि मैंने आपको बताया कि सौन्दर्य-शास्त्रीय मापदण्डों को बदले बिना हम नया नज़रिया विकसित कर ही नहीं सकते। इस सौन्दर्यशास्त्रीय मापदण्ड को बदलने का एक प्रयास 'आगरा बाज़ार' में देखने को मिलता है। पूरी प्रस्तुति में नज़ीर ही नज़ीर हैं, लेकिन नज़ीर कहीं मंच पर दिखते नहीं हैं। दिखता है कौन? दिखते हैं तरबूत बेचने वाले! तिल के लड्डू बेचने वाले! रीछ का नाच दिखाने वाले! बन्दर का करतब दिखाने वाले! एक तरफ ये लोग दिखते हैं, दूसरी तरफ वे लोग दिखते हैं जो सौन्दर्यशास्त्रीय मानदण्डों के ध्वजवाहक हैं, जो यह मानकर चलते हैं कि भाषा और साहित्य की परम्परा का यही शिष्ट रूप ही मान्य हो सकता है। एक पतंग की दुकान दिखती है और उस दुकान में रंग-बिरंगी पतंगों की जो छटा दिखती है वह हबीब तनवीर का पूरा बाज़ार है, जो आगरा बाज़ार है। यहीं से भारतीय रंगमंच में बिल्कुल एक नया मुहावरा सामने आता है। विशाल लोकरंगमंच, महाकाव्यात्मक रंगमंच, रामायण की महाकाव्यात्मक परिकल्पना का वह खुला रंगमंच जहाँ पूरा जीवन एक साथ घटित होता हुआ दीखता है। वहाँ वेश्या की कोठी भी दिखती है, वहाँ जाने वाले दारोगा बाबू भी दिखते हैं और वह कुतुबख़ाना भी दिखता है, जहाँ पर आज ही की तरह बड़े-बड़े साहित्यजीवी पहुँचते हैं, शब्दजीवी पहुँचते हैं जो शब्द को एक नयी दिशा में ले जाने का दावा करते हैं। नज़ीर इन सबके सामने चुनौती हैं। जैसे कई बार कबीर या नागार्जुन उन लोगों के लिए चुनौती बन जाते हैं जो यह मानकर चलते हैं कि कविता का सम्बन्ध एक खास तरह की ही भावाभिव्यक्ति से है और जब वैसे लोग नागार्जुन जैसे कवि को मादा सुअरनी पर कविता लिखते हुए देखते हैं तो उनकी भद्र रुचि को बहुत धक्का लगता है :

"धूप में पसरकर लेटी है
मोटी तगड़ी, अधेड़, मादा सुअर...
जमुना किनारे,
मखमली दूबों पर
पूस की गुनगुनी धूप में
पसर कर लेटी है
यह भी तो मादरे हिन्द की बेटी है
भरे पूरे बारह थनों वाली"

इसलिए मुझे लगता है कि भारतेन्दु, नज़ीर, भिखारी ठाकुर और हबीब तनवीर इनमें एक सिलसिला है, एक रिश्ता है। भारतेन्दु के यहाँ जब हम जाते हैं तो बोलियों का वही रूप देखने को मिलता है। वहाँ रीछ, बन्दर नहीं है, वहाँ तिल का लड्डू बेचने वाला नहीं है लेकिन वहाँ हलवाई है, हलवाई की पुकार है। ख़ालिस लखनवी उर्दू में लिखने-पढ़ने वाला एक व्यक्ति, एक शख़्स जो उर्दू-ए-मुअल्ला पढ़ता रहा हो और जो न केवल पढ़ता बल्कि बरतता भी रहा हो क्योंकि इसी भाषा में 'शतरंज के मोहरे' नाटक लिखा गया, लेकिन जब वह 'आगरा बाज़ार' तक आता है तो उर्दूभाषी और परम्परा के बारे में उसकी पूरी धारणा ही बदल जाती है, और चीज़ें केन्द्र में आ जाती हैं, वे हैं फेरीवालों की पुकारें। याद कीजिए, 'अन्धेर नगरी' के बाज़ार का वह दृश्य, वहाँ भी बाजार हैं, वहाँ भी बाज़ारों में फेरीवालों की पुकारें हैं, जो दरअसल हमारी जनता द्वारा बोली जाने वाली बोलियों की पुकारें हैं। यह काम और श्रम से निकलने वाली पुकारें हैं। ये आजीविका खोजने की पुकारें हैं। यह वह पुकार है जो सीधे ज़मीन से निकली है, धरती से निकली है और आकाश को गुँजा रही है। हबीब तनवीर ने एक संस्मरण में बताया है कि मुझे उस समय वे पुकारें बड़ी संगीतात्मक लगीं। हम कुमार गन्धर्व, भीमसेन जोशी तथा अन्य गायकों को सुनते हैं, उसमें संगीत ढूँढ़ते हैं। उसमें हम वह पुकार और ध्वनि सुनते हैं। लेकिन उन फेरीवालों की पुकारें कितनी संगीतात्मक हैं, ये हबीब तनवीर ने सुनीं और उसी संगीत को पकड़ने की कोशिश उन्होंने 'आगरा बाज़ार' में की। अब तक ये पुकारें अनसुनी थीं। भारतेन्दु के बाद ये पुकारें लम्बे समय तक अनसुनी रह गयीं। इसलिए हम कह सकते हैं कि उन अनसुनी पुकारों को आगरा बाज़ार ने एक वाणी दी। मेरा विनम्र निवेदन है कि उन पुकारों को हबीब ने वागाभिनय में रूपान्तरित कर दिया। तरबूज, ककड़ी, सुराही, पतंग, तैराकी ये सब विषय हैं। बलदेव जी का मेला है, कृष्ण-कन्हैया का, बाँसुरी के बजैया का बालपन है, तो यह पूरी-की-पूरी परम्परा है। जैसाकि मैं पहले से ही निवेदन कर रहा हूँ कि रंगमंच की परम्परा को समझने के लिए उर्दू-हिन्दी लोकरंग की समन्वित परम्परा को समझना आवश्यक है। इसके बिना हम उस इतिहास को चिह्नित नहीं कर पाएँगे, जो इन्दरसभा से लेकर भारतेन्दु और भिखारी ठाकुर से लेकर हबीब तनवीर में दिखता है। हमारे अध्ययन का एक महत्त्वपूर्ण पहलू होना चाहिए—हिन्दी उर्दू की समन्वित वाक् परम्परा का अध्ययन और उसका विकास।

यह वह समय है जब बेगम कुदसिया ज़ैदी से हबीब तनवीर का परिचय होता है। वे समृद्ध महिला थीं, उनके पास ढेर-सारे स्रोत थे, वे एक व्यावसायिक रंगमंच

का सपना लेकर आयी थीं। हबीब तनवीर को उन्होंने सीधे प्रस्ताव दिया कि एक व्यावसायिक रंगमंच की स्थापना करनी चाहिए, उन्होंने 'हिन्दुस्तानी थिएटर' नाम की एक संस्था भी बनाई। लेकिन इसी बीच हबीब तनवीर को 'रॉयल एकेडमी ऑफ ड्रैमेटिक आर्ट्स' (R.A.D.A.) लन्दन से एक शोध-वृत्ति मिल गयी और वे इस वचनबद्धता के साथ लन्दन को रवाना हो गये कि दो वर्षों के अध्ययन के बाद मैं वापस आऊँगा और 'हिन्दुस्तानी थिएटर' के सारे कामकाज को देखूँगा। राडा में काम करते हुए (लन्दन) फिर एक संकट पैदा हुआ, जैसा संकट फिल्म के दौरान काम करते हुए उनमें पैदा हुआ था। बहुत सारे विद्यार्थी 'राडा' जाते हैं। मुझे नहीं मालूम की 'रानावि' से 'राडा' जाने वाले विद्यार्थियों के मन में उलझन होती है कि नहीं, लेकिन एक वर्ष पूरा करते-करते यह उलझन हबीब तनवीर में शुरू हो गयी। उन्हें समझ में आया कि अंग्रेज़ी में मेरे लिए थिएटर सम्भव नहीं है। हम सभी जानते हैं कि हबीब तनवीर की अंग्रेज़ी बहुत अच्छी थी। उन्होंने यूरोप में तीन साल गुजारे। जैसे फिल्मों में रहते हुए अचानक उनकी समझ में आया था कि फिल्म मेरा माध्यम नहीं है, वैसे ही उन्हें राडा में लगा। उन्हें अचानक लगा कि मैं यह क्या कर रहा हूँ। यानी हबीब तनवीर का मोहभंग लगातार चल रहा था। दरअसल इसी मोहभंग की प्रक्रिया से ही रचनाकार का व्यक्तित्व बनता है। लगातार चलने वाले मोहभंग से ही आपका व्यक्तित्व निकलता है, जबकि मोहाविष्ट होने से कई बार आपका व्यक्तित्व नहीं निकलता है। हबीब तनवीर का सफ़र मैंने इसी तरह देखा है। तो यह मोहभंग, उलझन, भ्रम की स्थिति और भ्रम की स्थिति से निकलने की कोशिश, फिर एक नये भ्रम की रचना, फिर उससे जूझना, फिर उसी से एक नये रास्ते की खोज, तभी वह मंजिल मिलती है। हबीब तनवीर ब्रिस्टल गये और वहाँ ओल्ड विग थिएटर स्कूल में भी उन्होंने समय गुज़ारने की कोशिश की। और उनकी समझ में यह आने लगा कि दरअसल भाषा गतिविधि और क्रिया-व्यापार से जुड़ी होती है। मैं यह पहले व्याख्यान से बता रहा हूँ कि वाणी वागंग और वागाभिनय में रूपान्तरित हो जाती है, तभी वह नाटक का रूप लेती है, उससे पहले या उसके बाद कभी नहीं। वाणी को, शब्द को हू-ब-हू रखनेवाला नाटक हो ही नहीं सकता है। हबीब तनवीर को यह समझ में आया कि भाषा गतिविधि और क्रिया-व्यापार अर्थात एक्शन से जुड़ी हुई है, भाषा में परिवर्तन क्रिया और गति-व्यापार में परिवर्तन कर देता है। हबीब तनवीर ने एक छोटा-सा लेख लिखा है, उसका एक उद्धरण "अगर आप शब्द, संस्कृति से सम्बन्धित काम में लगे हैं, तो आप वहीं के हैं, जो आपका मूल स्थान है। और यही वह जगह है जहाँ आप अपनी सृजनात्मकता दिखा सकेंगे।" लन्दन

में उन्हें एक गुरु मिले डंकन रास, जिसकी चर्चा वे बड़ी इज़्जत से करते थे, उन्होंने उनको रास्ता दिखाया। एक साल के अन्दर उन्होंने पढ़ाई अधूरी छोड़ी, फेलेशिप के बचे पैसों से पूरे यूरोप का भ्रमण करने निकल पड़े। जेब में कुछ पौंड और सपना था–बर्लिन जाकर ब्रेख़्त से मिलने का। बत्तीस वर्ष की उम्र से गुज़रता हुआ एक नौजवान जब यूरोप और दूसरी जगहों पर घूमता नज़र आता है तो एक अजीब तरह का व्यक्तित्व नज़र आता है। उसके पास पैसे नहीं हैं। अगर वह नाश्ता कर रहा है, तो उसे पता नहीं है कि रात को वह क्या खाएगा। लेकिन उसने तय किया कि उसे बर्लिन जाकर 'बर्लिनेयर एनसेंबल' का नाटक देखना है और बर्तोल्त ब्रेख्त से मिलना है। यह लक्ष्य जब वह तय कर लेता है तो उसके सामने कोई व्यवधान टिक नहीं पाता है। संस्मरण में एक जगह उन्होंने एक अल्जीरियन युवक के साथ अपनी मुठभेड़ का उल्लेख किया है। यह मजेदार संस्मरण है। पेरिस के पास किसी शहर में वे कलम निकाल कर कुछ लिखने की कोशिश कर रहे थे। उनके पास मोटी निब थी जो उनके हिसाब से उर्दू लिखने के लिए सबसे उपयुक्त निब थी। उससे वे कुछ लिखने का प्रयास कर रहे थे। शाम का झुटपुटा था और उसी समय एक अल्जीरियन युवक प्रकट हुआ और धमकी-भरे स्वर में उनसे बोला–कि यह तुम्हारे पास क्या है? यह मुझे दे दो! उन्होंने कहा–यह मेरी कलम है और मैं इससे कुछ लिख रहा हूँ। युवक बोला–तुम्हारे पास पैसे हैं, वह सब मुझे दे दो। वे बोले–मेरे पास इतने पैसे ही बचे हैं कि बड़ी मुश्किल से आज रात का खाना खा सकूँगा। तब हबीब तनवीर को लगा कि यह अल्जीरियन युवक टलने वाला नहीं है। उन्होंने उस अल्जीरियन युवक से कहा कि मैं एक चीज़ दे सकता हूँ। वह बोला–क्या? तब उन्होंने उस अल्जीरियन युवक को छत्तीसगढ़ी गीत सुनाया। हबीब तनवीर बहुत अच्छा गाते थे, उनका कण्ठ बहुत सुरीला था। जब उन्होंने छत्तीसगढ़ का लहराता हुआ एक गीत सुनाया, तो अल्जीरियन युवक मुग्ध हो गया तब उसने कहा कि बदले में मैं भी तुम्हें एक चीज़ दूँगा। उसने अल्जीरियन धुन पर एक गीत सुनाया। वह अल्जीरियन धुन हबीब साहब ने मरने के समय तक विस्मृत नहीं की। उस अल्जीरियन धुन का इस्तेमाल भी उन्होंने अपने नाटकों में आगे चलकर किया। इस तरह हबीब तनवीर का एक ऐसा रूप सामने आता है जो यूरोप का भ्रमण कर रहा है, अपनी मंजिल तलाश कर रहा है। जो ब्रेख़्त से मिलना चाह रहा है और यह संयोग है कि बर्लिन पहुँचने के ठीक एक हफ्ता पहले बर्तोल्त ब्रेख़्त का निधन हो जाता है। लेकिन वे उनकी पत्नी हेलेन वाइगेल से मिल सके। उन्होंने 'बर्लिनेयर एनसेंबल' में होने वाले मंचन और मूल मण्डली के सारे नाटकों को देखा और वह अनुभव ले पाये जो आगे

चलकर भारतीय रंगमंच के मुहावरे को बदलने में महत्त्वपूर्ण भूमिका निभाता है।

जब हबीब तनवीर 1958 ई. में देश वापस लौटकर आये तब तक बहुत देरी हो चुकी थी। ठीक उसी समय एक युवती सामने आती है जिसका नाम है—मोनिका मिश्र यह उनके जीवन का असली ड्रामा है। हबीब तनवीर जहाँ दो साल में लौटने वाले थे उन्होंने तीन साल लगा दिये। इस बीच कुदुसिया ज ैदी को बेचैनी हुई क्योंकि 'हिन्दुस्तानी थिएटर' की परिकल्पना उन्होंने की थी और वह जल्दी-जल्दी उसे साकार करना चाहती थीं। इसी क्रम में विदेश से डिजाइनिंग की पढ़ाई कर लौटी हुई एक युवती मोनिका मिश्र से उनका परिचय हुआ। मोनिका मिश्र रख ली गयी थीं और हबीब तनवीर का इन्तजार हो रहा था। मोनिका मिश्र ने बेगम के साथ कुछ नाटकों काम किया। इस बीच जब हबीब तनवीर लौट कर आये, तो मोनिका मिश्र को बाहर कर दिया गया। मोनिका मिश्र अपनी दोस्त के साथ जनपथ के पास किसी रेस्त्रां में कॉफी पीते हुए हबीब तनवीर के पास पहुँचीं और पूछा कि तुम्हीं हबीब तनवीर हो? उन्होंने कहा हाँ! मैं ही हूँ। तो वे बोलीं—तो तुम्हारी वजह से मैं बाहर निकाली गयी हूँ—हिन्दुस्तानी रंगमंच से। तब हबीब तनवीर साहब ने कहा—आप बैठिए तो, एक कप कॉफी पीजिए! ऐसा करते हैं कि हम कॉफी पीते हैं और बात करते हैं। मोनिका मिश्र जैसे निपटने के मूड में बैठ गयीं। कॉफी आयी। बातचीत हुई। अगले दिन फिर कॉफी पीते हुए बात करने का तय हुआ। इस तरह मिलने का सिलसिला चलता रहा और दोनों ने शादी कर ली।

इस दौरान एक बात उनको समझ में आ गयी, भाषा में परिवर्तन के साथ ही क्रिया और गतिविधि में भी परिवर्तन हो जाता है। यदि भाषा बदल गयी तो अभिनेता की क्रिया बदल जाती है। इसलिए आप जहाँ से हैं जहाँ आपकी सृजनात्मकता सिद्ध होती है आपको वहीं काम करना चाहिए। वे जब यह सब समझ पा रहे थे और जब वे लौटकर आये तथा उन्होंने हिन्दुस्तानी रंगमंच के साथ काम करना शुरू किया तो उनको लोकमंच की असली शक्ति की वह बात भी समझ में आ गयी कि अरस्तू की 'टाइम-स्पेस-एक्शन' की थ्री-यूनिटी की जो अवधारणा है वह भारतीय सन्दर्भ में बेमानी है। और भारतीय रंगमंच की जो ताक़त है वह थ्री-यूनिटी को तोड़कर ही सामने आ रही है चाहे भरतमुनि का नाट्यशास्त्र से लेकर पूरी हज़ार वर्ष की लोकरंगमंच की परम्परा हो। जहाँ एक चक्कर घूमकर कोई छपरा से कलकत्ता पहुँच जाता है। जहाँ टाइम-स्पेस-एक्शन की कोई यूनिटी नहीं रह जाती है। रह जाती है, तो दर्शकों की कल्पनाशीलता और मानसिक ऊर्जा से खुलकर खेलने की छूट जो हमें संस्कृत रंगमंच देता है, जो हमें हमारा क्लासिकल रंगमंच देता है, और जो हमें

बहादुर कलारिन : नया थिएटर, दिल्ली, 1978, हबीब तनवीर

लोकरंगमंच देता है। दर्शकों की कल्पनाशीलता और मानसिक ऊर्जा को खुलकर खेलने की छूट पश्चिमी रंगमंच उस तरह से नहीं देता है। वह उतना स्पेस नहीं देता, जितना हमें हमारी लोक रंगमंच की परम्परा देती है। ये सारी बातें दरअसल हबीब तनवीर की समझ में आने लगीं।

हबीब तनवीर इसी समय रायपुर गये और वहाँ उन्हें 'नाचा' देखने का मौका मिला। जब उन्होंने 'नाचा' देखा और उसमें भुलवा राम, बाबूदास, मदनराम, जगमोहन को अभिनय करते देखा, तो आगे चलकर हिन्दी रंगमंच के कुछ अच्छे अभिनेताओं की एक मण्डली सामने आ गयी। और फिर उन्हें राजनाँदगाँव में लालू राम मिले, फिदाबाई और पूनम बाई मिलीं। राजनाँदगाँव के बारे में उन्होंने एक जगह बताया है कि जब वे अनेक मुशायरों में जाया करते थे, उन्हीं दिनों जब वे राजनाँदगाँव गये थे तो बात करने के क्रम में उन्होंने समझाने के लिए छत्तीसगढ़ी गीत सुनाया। वहाँ साहित्यिक लोग बैठे हुए थे लेकिन वहाँ उस छत्तीसगढ़ी गीत को सुननेवाला एक व्यक्ति और था भुलवाराम। भीड़ में बैठे हुए भुलवाराम ने उनके पास आकर पहले तो गांजे की पेशकश की और जब उन्होंने उस पेशकश को स्वीकार कर लिया, तब उन्होंने गीत पर गीत सुनाने शुरू किए। इधर से ये गीत सुनाते थे उधर से वह। इस तरह से लालू राम, भुलवा राम, मदनराम, जगमोहन, बाबूराम, फिदाबाई, पूनमबाई, सामने आये। ये हिन्दी रंगमंच के ऐसे अमर नाम हैं, जो कभी नहीं भूले जाएँगे।

चरनदास चोर : नया थिएटर, नयी दिल्ली, हबीब तनवीर

1959 में हबीब तनवीर ने नया थिएटर बनाया। उन्होंने 'लाला शोहरत राय' किया जो 'बुर्जुआ जेंटिलमैन' का एक लोकप्रिय रूपान्तरण था। फिर भी उनको मंजिल अभी मिली नहीं थी। यह मंज़िल की तलाश थी। इस समय हबीब तनवीर जर्मन भाषा, फ्रेंच भाषा में लिखे नाटकों को अपने ढंग से अपने समय के अनुसार अपनी बोलियों में ढाल कर लगातार प्रयोग करते और रास्ता खोजते हुए दिखाई देते हैं। इसी समय वे संस्कृत की उन परम्पराओं की टोह लेते हुए दिखाई देते हैं जहाँ उन्हें लगता है कि भारतीय रंगमंच का मूल स्रोत या मूल स्वभाव छिपा हुआ है। उन्होंने स्पष्ट रूप से कहा कि संस्कृत क्लासिकल रंगमंच की मूल ताकत रस-सिद्धान्त है, बाकी चीज़ें कोई मायने नहीं रखती हैं। दरअसल स्पेस और अभिनेता ही हमारी ताकत है। इस ताकत को कैसे राष्ट्रीय नाट्य विद्यालय अपने लाखों के सेट में बर्बाद करती है, हम यह आये-दिन देखते ही हैं। उस ताकत को समझा था—हबीब तनवीर ने। वे संस्कृत रंगमंच की ओर गये, उन्होंने 'मृच्छकटिकम्' को 'मिट्टी की गाड़ी' में अपने ढंग से रूपान्तरित किया। शास्त्रीय आग्रह वाले जो बहुत सारे लोग थे, उन्होंने नाक-भौं सिकोड़ी और कहा कि हबीब तनवीर वसंतसेना से मंच पर लोक नृत्य करवा रहे हैं! इस तरह के कई आरोप लगे लेकिन बाद में धीरे-धीरे यह सिद्ध हुआ कि भारतीय रंगमंच के मुहावरे को पकड़े बिना हम संस्कृत रंगमंच को न तो समझ सकते हैं, न ही पकड़ सकते हैं, और लोक-रंगमंच एक रास्ता हो सकता है जहाँ से हम उस मूल स्रोत तक पहुँच सकते हैं जिसकी ओर मैं पहले व्याख्यान से ही सबका ध्यान आकृष्ट करा रहा हूँ।

1973 में ही हबीब तनवीर ने तयकर लिया कि उन्हें व्यावसायिक थिएटर ही करना है। स्कूल, कॉलेज में छोटे-छोटे बच्चों के साथ नाटक करते हुए और कुछ इसी तरह का प्रयोग करते हुए उन्होंने 'आगरा बाज़ार'किया जिसमें जामिया मिल्लिया के कई उर्दू-अध्यापकों की मदद ली। ओखला में रिहर्सल को देखने के लिए वहाँ के आसपास के गाँव के लोग आ जाया करते थे। उनका रिहर्सल देखने वालों की संख्या 70-80 तक पहुँच जाती थी। जब उन्होंने कई लोगों को देखा तो कुछ से पूछा कि आपको अच्छा लगता है? तो लोग कहते कि हाँ! उन्होंने ओखला के कामगार मजदूरों को भी नाटक में शामिल कर लिया। यह प्रयोग है जिसको हबीब तनवीर ने सिद्ध किया। नाटक में दर्शकों को, लोककलाकारों को उर्दू के प्राध्यापकों को शामिल किया गया, जिससे नयी तरह का रंगमंच पैदा हुआ। देखिए! सृजन कैसे हो रहा है! कैसे रचना एक रूप ले रही है क्योंकि यह एक सामूहिक रचना है। ज़ाहिर है, इसमें वही रचना-प्रक्रिया लागू नहीं हो सकती है, जो उपन्यास और कविता पर लागू होती है।

इसलिए देखने के नज़रिये में परिवर्तन के साथ ही हमें अपना इतिहास भी अच्छी तरह समझ में आता है। दर्शकों की भागीदारी के बिना रंगमंच सम्भव नहीं है। ब.व. कारंत ने कहा भी है कि मुझे केवल दो तत्त्व चाहिए—एक अभिनेता और दूसरा दर्शक, बाकी किसी चीज की हमें ज़रूरत नहीं है। हबीब तनवीर के रंगमंच में यही दो ताकत हमें दिखाई पड़ती है—अभिनेता की ताकत और दर्शकों की भागीदारी। दर्शकों की भागीदारी से प्रस्तुति में आये हुए परिवर्तन को इस तरह उनके इतिहास में दर्ज हो चुके महत्त्वपूर्ण नाटकों 'चरनदास चोर' हो, 'बहादुर कलारिन', उनके अन्तिम नाटक 'देख रहे हैं नैन' और 'राजरक्त' तक में इम्प्रोवाइजेशन या अभिनेताओं की यही ताकत दिखाई देगी। यह बात उनको समझ में आयी कि दरअसल अभिनेताओं का जो मुक्त अंग-संचालन है वह उनकी भाषा पर निर्भर करता है। यदि अभिनेता मातृभाषा से दूर है जिस भाषा में उसने अपनी आँखें खोलीं, जो भाषा उसकी माँ की भाषा से अलग है अथवा जिस भाषा का दूध उसने पिया है और जिस भाषा का दूध उसके रगों में खून बनकर दौड़ रहा है, तो उस भाषा से दूर रहकर वह मुक्त अंग-संचालन कभी नहीं कर सकता। वही मुक्त अंग-संचालन में अभिव्यक्ति होता है। वह सीखी हुई भाषा नहीं है, वह खून में दौड़ने वाली भाषा है। उन्होंने कहा है कि मैं खीझ उठता था, बाल नोचने लगता था जब मैं भुलवाराम को बार-बार कहता था कि तुम इस तरह से क्यों खड़े होते हो, इस तरह से क्यों टेढ़े रहते हो, इस तरह से क्यों बोल रहे हो। मैं महीनों जूझता रहा भुलवाराम, मदनराम से लेकिन वे ऐसे ही टेढ़े खड़े रहते थे। मुझे समझ में नहीं आया कि संकट कहाँ है। ये टेढ़े क्यों खड़े रहते हैं? जब मैं कहता हूँ कि सीधे चलकर ऐसे बोलना है लेकिन फिर ये टेढ़े हो जाते हैं! लाला शोहरत राय में ये उर्दू बोल रहे थे। अब उर्दू के शीनक़ाफ़ दुरुस्त करने की बात आयी, तो मैंने कहा—'ज़रूरत' बोलो भाई! अब भुलवाराम 'ज़रूरत' बोलने में टेढ़ा हो जाता था। अचानक उनको यह बात समझ में आयी कि अभिनेता के मुक्त अंग-संचालन का सम्बन्ध भाषा से है और तब वे एक ऐसी रचना की तरफ़ गये, जिसने रंगमंच के इतिहास को हमारे सामने एक नये रूप में ला दिया। एक तरह से उन्होंने हमें हमारी सारी भूली हुई परम्परा याद दिला दी। उन्होंने यह समझ लिया था कि रंगमंच में कोई तथाकथित औपचारिकता जैसी-चीज़ नहीं होती है, एक अनौपचारिकता होती है, उसमें कोई भी कहीं से आ सकता है। लोककलाकार आकर गायन कर फिर से वापस चला जाता है, कोई दृश्य बनता है और जैसे ही दृश्य खत्म होता है लोक गायकों का जत्था आकर गाकर चला जाता है। नर्तकों का एक दल आता है तथा नृत्य करके चला जाता है और कथासूत्र

जुड़ता चला जाता है। मैंने अभी निवेदन किया कि हबीब तनवीर को समझने के लिए हिन्दी-उर्दू की समन्वित परम्परा यानी संस्कृत, रंगमंच, लोकरंगमंच और साथ ही पारसी रंगमंच की परम्परा के साथ समझना होगा। पारसी रंगमंच उनकी रग-रग में उतरा हुआ रंगमंच था लेकिन जो सच्चे अर्थों में एक सृजनात्मक प्रक्रिया में ढलकर एक नया मुहावरा बन रहा था। उनके यहाँ पारसी रंगमंच उसी रूप में नहीं था जो 1935 या 40 में था। बल्कि पारसी रंगमंच जब बहादुर कलारिन में, चरनदास चोर में या मृच्छकटिक में आया तब उसने अपना रूप बिल्कुल बदल लिया। पारसी रंगमंच के प्रति उनके मन में हमेशा एक तरह का आकर्षण रहा। उनका यह आकर्षण अन्तिम समय तक खत्म नहीं हुआ। बावजूद इसके पारसी रंगमंच पर जो आलोचक या इतिहासकार नज़र डालता है उसे एक चपत ज़रूर लगा देता है। पारसी रंगमंच को ठीक से समझने की कभी ज़हमत ही नहीं उठायी गयी। लेकिन हम तब तक हबीब तनवीर को नहीं समझ सकते हैं जब तक कि हम संस्कृत रंगमंच और लोकरंगमंच के साथ पारसी रंगमंच एवं इन्दरसभा की हिन्दी-उर्दू की समन्वित रंगमंच की परम्परा को न समझें।

मैं यह मानकर चल रहा हूँ कि आप हबीब तनवीर के सारे नाटकों से अच्छी तरह परिचित हैं। संस्कृत, पारसी रंगमंच और लोकरंगमंच के प्रभाव से भी परिचित हैं। लेकिन मैं यहाँ एक छोटा-सा उदाहरण देकर हबीब तनवीर के व्यक्तित्व के एक पहलू को समझने की फिर से कोशिश करूँगा। हबीब तनवीर के बहुत सारे पहलुओं की चर्चा हो चुकी है। लेकिन मैं यहाँ एक छोटा-सा उदाहरण देना चाहूँगा, जिससे हम हबीब तनवीर के व्यक्तित्व के एक पहलू को समझने की फिर से कोशिश करेंगे। वह छोटा-सा प्रसंग है, गौरा-गौरी। गौरा-गौरी छत्तीसगढ़ का एक धार्मिक अनुष्ठान है। इसमें शिव-पार्वती की पूजा की जाती है और महिलाएँ सिर पर कई तरह की गगरियाँ लेकर गाती हुई जाती हैं, जो बड़ा अभिनटनपरक होता है। उन्होंने उसी का कथानक और वहीं की कुछ महिलाओं को लेकर, जो इस धार्मिक अनुष्ठान में भाग लेती थीं, उन्होंने गौरा-गौरी किया। जब वे रिहर्सल कर रहे थे तो गीत गाते-गाते एक लड़की अचानक भाव-समाधि में चली गयी। धार्मिक अनुष्ठान में भाव-समाधि लगती है और रासलीला वगैरह में भाव-समाधि लगती है, चैतन्य महाप्रभु को भाव-समाधि लगती थी। कई सूफ़ियों को भाव-समाधि लगती रही है। यह हमारी परम्परा है जिसमें भाव-समाधि लगती है। वह चम्पा नाम की लड़की जिसको हबीब तनवीर नाटक करवाने के लिए आये थे रिहर्सल में गीत गाते-गाते भाव-समाधि में चली गयी। हबीब तनवीर परेशान हो गये कि अब क्या किया जाए। तब पता चला कि इसके

लिए एक जोड़ी मुर्गी, एक खोपड़ी, एक बोतल दारू एवं मोम (जो पैर में लगाना पड़ेगी) मुर्गी काटनी पड़ेगी, खोपड़ी में रक्त डालना पड़ेगा तब जाकर यह भाव-समाधि से लौटेगी, उससे पहले नहीं। यह क्रिया की गयी। इस क्रिया के बाद ही चम्पा नाम की लड़की होश में आयी। मंचन के दौरान भी चम्पा अक्सर भाव-समाधि में चली जाती। लेकिन नाटक रुकता नहीं था, नाटक आगे बढ़ता रहता था। आधुनिक चेतना सम्पन्न किसी मित्र ने सवाल किया कि आप इस तरह धार्मिक-अनुष्ठान क्यों कर रहे हैं? तो उन्होंने सबसे पहला सवाल यही किया कि आपको देखने में कैसा लगा। जवाब मिला—'देखने में तो अच्छा लगा।' तो वे बोले कि 'महत्त्वपूर्ण यही है कि आपको कैसा लगा' अच्छा लगता है लेकिन भाव-समाधि जैसी चीजों पर विश्वास करते हैं? हबीब तनवीर बोले—लोग तो करते हैं! भाव-समाधि से ही उन्होंने समझा कि धर्म में भी नाटकीय सम्भावनाएँ हैं। धर्म अपने आप में एक नाटक है। उनके अनेकानेक नाटकों में इस तरह के अनुष्ठानमूलक प्रसंग अभिनीत होते हैं। 'राजरक्त' में इसी तरह से मंच के बीचों-बीच जीभ निकाले काली माँ दिखाई देती है। यह हबीब तनवीर का अनूठा रंग संसार है। वे भारतीय रंगमंच के शिखर पुरुष हैं। इसीलिए जब हम रंगमंच एवं नाटक की लोकधारा का अन्वेषण करते हैं तो हम एक तरफ बारहवीं शताब्दी की स्वाँग नाट्य परम्परा, लीला नाट्य परम्परा या कीर्तनिया नाट्य परम्परा से लेकर इन्दरसभा, भारतेन्दु, माधव शुक्ल, पारसी रंगमंच और भिखारी ठाकुर तक बढ़ते हैं, तो आगे चलकर हमें एक व्यक्ति दिखाई देता है, जो इससे जुड़ता हुआ इतिहास-पुरुष बन जाता है, जो भारतीय रंगमंच के मुहावरे को बिल्कुल बदल देता है, वह हबीब तनवीर हैं। इसीलिए मैंने आज के इस अन्तिम व्याख्यान का विषय चुना हबीब तनवीर : मौत के रू-ब-रू रंजकक्षणों की उपस्थिति, यही हबीब तनवीर का रंगमंच है।

यह अजीब विडम्बना है कि जब पश्चिम से स्वीकृति मिलती है तो हमारा ध्यान उसकी तरफ जाता है। जब 'चरनदास चोर' किया गया तो लोक-कलाकारों को लेकर काम करने वाले एक सामान्य लोकरंग-मंच की प्रस्तुति करने वाले इस निर्देशक को उसके इस मंचन को सामान्य घटना के रूप में लिया गया लेकिन 1982 में एडिनबरा के 'वर्ल्ड ड्रामा फेस्टिवल' में विश्व के 60-70 नाटकों के बीच में जब सर्वश्रेष्ठ प्रस्तुति 'चरनदास चोर' हुई तो सबकी खासतौर पर अध्येताओं की दृष्टि में वह सामने आया। उन्होंने 'रुस्तम सोहराब' और 'मुद्राराक्षस' जैसे नाटकों में शहरी रंगकर्मियों के साथ भी काम किया। फिर एक समय ऐसा आया जब शहरी रंगकर्मी और लोककलाकारों को मिलाकर काम किया, जैसे—'आगरा बाज़ार' या 'मिट्टी की

गाड़ी'। फिर एक तीसरा दौर भी उनके रंगकर्म में आता है, जब छत्तीसगढ़ी लोकरंगकर्मी उनकी ताकत बन जाते हैं। 'चरनदास चोर', 'हिरमा की अमर कहानी', 'बहादुर कलारिन', 'देख रहे हैं नैन' और 'राजरक्त'। तो यह एक सफ़र है जिसे हबीब तनवीर ने तय किया है यानी यह वह सफर है, जब वह रास्ता टटोल रहे हैं और अन्तिम दिन तक ऐसा लगता है जैसे वे अपनी मंजिल खोज ही रहे हैं। उनका प्रयोग लगातार चल रहा है। उनकी नयी भाषा खोजने की प्रक्रिया लगातार चल रही है। आगे उनके कामों का आकलन होगा, मूल्यांकन भी होगा और उनसे कुछ नतीजे भी निकाले जाएँगे और जब हम हिन्दी साहित्य के इतिहास के पुनर्लेखन की कोशिश कर रहे हैं, जब हम रंगमंच ओर नाटक के सन्दर्भ में अपनी ही परम्परा की टोह ले रहे हैं, तो हबीब तनवीर एक ऐसे मुकाम पर हमें खड़े दिखाई देते हैं, जिसे नजरअन्दाज कर हम रंगमंच का इतिहास नहीं लिख सकते।

हिन्दी लोक रंगमंच

भरत के नाट्यशास्त्र में लोकधर्मी और नाट्यधर्मी दोनों परम्पराओं का न सिर्फ उल्लेख है, बल्कि 'लोकधर्मी नाट्यपरम्परा' के नाट्यधर्मी रूढ़ियों के विकास में अमूल्य योगदान को स्वीकार किया गया है। ध्यातव्य हो कि "भरत का नाट्यशास्त्र कोई आकस्मिक उपज नहीं वरन् पूर्वपरम्परा को लेकर की गयी एक सुनिश्चित योजना है, क्योंकि इतना तो स्पष्ट है कि भरत के नाट्यशास्त्र का आधार लोकनाट्य ही रहे होंगे।"[1] भारतीय काव्यशास्त्र के ग्रन्थों में विवेचित उपरूपक वास्तव में इन्हीं क्षेत्रीय लोकनाट्यों के ही विकसित रूप हैं। इस प्रकार, ऐतिहासिक दृष्टि से देखें तो लोकनाट्य-परम्परा प्राचीन काल से न केवल साहित्यिक नाटकों और शिष्ट रंगमंच के समानान्तर रही है, बल्कि उन्हें प्रभावित भी करती रही है। मध्यकाल में आकर अचानक लोकनाटक की धारा इतनी वेगमयी और बलशाली क्यों हो गयी, इसके कारणों पर विचार करते हुए उमा आनन्द ने लिखा है–"दि क्लासिक संस्कृत थियेटर डिड नॉट फुलफिल भरत्स आइडियाज़, बिकाउज़ दिस वॉज़ थियेटर फॉर द एलीट दि किंग, हिज़ नोबल्स एण्ड दि लनूर्ड ब्राह्मिन्स, इट वॉज़ नॉट ए थियेटर फॉर दि कॉमन मैन, दउ देयर वॉज़ ए थियेटर ऑफ एनॉदर सॉर्ट फॉर दि कॉमन पीपुल। दिस इज़ फोक थिएटर।"[2]

हिन्दी क्षेत्र की लोकनाट्य–परम्परा का विशद विवेचन इस क्षेत्र में प्रचलित विभिन्न लोकनाट्य रूपों पर अलग-अलग विचार करने के बाद ही सम्भव है। ये लोकनाटक शताब्दियों से लोकजीवन को अनुप्राणित करते आ रहे हैं। लेकिन, इनकी विस्तृत विवेचना का न तो यहाँ अवकाश है और न ही यह इस शोध निबन्ध का अभीष्ट है। सर्वप्रथम यदि हम वर्गीकरण के आधार को स्पष्ट कर लें तो एक सीमा तक यह अध्ययन उपादेय हो सकता है।

हिन्दी क्षेत्र में प्रचलित लोकनाट्य रूपों के वर्गीकरण के कई आधार हो सकते हैं,

जिनमें डॉ. दशरथ ओझा द्वारा 'कथा वस्तु के आधार पर किया गया वर्गीकरण' तथा डॉ. महेन्द्र भानावत द्वारा विवेचित 'शिल्प प्रक्रिया के आधार पर किया गया वर्गीकरण'[3] विशेष रूप से उल्लेखनीय है। लेकिन अध्ययन की सीमा और सुविधा के लिए डॉ. ओझा का सुझाव मानने में कोई आपत्ति नहीं होनी चाहिए। डॉ. ओझा के अनुसार, "रामलीला, रासलीला इत्यादि धार्मिक नाटक हैं और स्वाँग, नौटंकी, भवाई आदि लौकिक।"[4]

हिन्दी में प्रचलित धार्मिक लोकनाट्य रूपों का अपना एक विशिष्ट स्वरूप रहा हैं। नाटकों के मूल स्रोतों का अनुसन्धान एवं व्याख्या करने वाले प्रायः सभी विद्वानों का यह मत है कि ये नाटक आनुष्ठानिक उल्लासों एवं धार्मिक यात्राओं, जुलूसों और झाँकियों के ही विकसित रूप हैं। 'धर्म' के साथ भारतीय लोकमानस का गहरा सम्पर्क रहा है। धर्म के अनुष्ठानिक एवं कर्मकांडीय रूपों से जनसामान्य का गहरा लगाव उसके अभिव्यक्ति रूपों को अनिवार्य रूप से प्रभावित करता है। मध्यकाल में वैष्णव भक्ति-आन्दोलन का प्रभाव हिन्दी लोकनाट्य में एक नयी प्रवृत्ति के लिए उत्तरदायी है। प्रारम्भिक युग से ही रामायण और महाभारत दोनों महाकाव्यों ने लोकनाटकों के लिए कथानकों का प्रमुख स्रोत प्रदान किया। विशेष रूप से कृष्ण के लोकरंजनकारी रूप ने भारतीय लोकमानस को बहुत दूर तक प्रभावित किया। वस्तुतः "हिन्दी साहित्य का सारा माधुर्य कृष्ण के चरित्र के चारों ओर मँडराता रहा है। इस माधुर्य का एक महत्त्वपूर्ण अंश रासलीलाओं में मिलता है।"[5]

1. रासलीला

'रासलीला' के प्रदर्शन हिन्दीभाषी प्रदेशों की जनता के प्रबल आकर्षण का केन्द्र रहे हैं। प्रचलित अर्थ में 'रासलीला' कृष्णचरित्र से सम्बद्ध नृत्य-संगीत प्रधान नाट्यरूप है। इसकी उत्पत्ति के बारे में 'श्रीमद्भागवत' में एक कथा है कि राधा एवं अन्य गोपियों में अभिमान एवं अहंकार उत्पन्न होने के कारण कृष्ण अन्तर्धान हो जाते हैं। गोपियों द्वारा कृष्ण की लीलाएँ करने पर वह पुनः प्रकट होते हैं। विद्वानों ने इस कथा के आधार पर यह माना है कि 'रासलीला' की उत्पत्ति वियोग शृंगार से हुई है और रासलीला का सीधा सम्बन्ध श्रीभागवत से है।[6]

लेकिन, पन्द्रहवीं शताब्दी तक स्पष्ट 'रास' की लगभग तीनों शैलियों अर्थात लोकनाटकों की धारा, अपभ्रंश के 'चरिउ' एवं 'रासो' काव्य परम्परा में से 'रासलीला' का सीधा सम्बन्ध लोकनाटकों की धारा के ही साथ है। इसलिए 'रासलीला' का सम्बन्ध श्रीमद्भागवत से मानते हुए भी डॉ. हजारी प्रसाद द्विवेदी का यह अनुमान सही प्रतीत होता है कि 'भागवत पुराण में श्रीकृष्ण की लीला की जो परम्परा अभिव्यक्त हुई है, उससे भिन्न एक और परम्परा थी, जिसका प्रकाश जयदेव के

गीतगोविन्द से हुआ।...सूरदास आदि परवर्ती भक्त कवियों में ये दोनों परम्पराएँ एक-दूसरे से गूँथ कर एक हो गयी हैं।'[7] तात्पर्य यह कि 'रासलीला' का मूल स्रोत श्री भागवत भले हो, इस विशिष्ट 'नाट्यशैली' को विकसित करने का श्रेय वैष्णव धर्मान्दोलन की लोकप्रियता को है।

इसी प्रकार 'रास' शब्द की उत्पत्ति के सम्बन्ध में भी पर्याप्त मत-भिन्नता है। कोई इसका सम्बन्ध 'रस' से जोड़ता है, तो कोई 'रहस्य' से और कोई 'रास' (लीला) से, लेकिन डॉ. दशरथ ओझा के शब्दों में, "उपर्युक्त सभी मत काल्पनिक हैं।...रास शब्द संस्कृत भाषा का नहीं, प्रत्युत देशी भाषा का है, जो संस्कृत बन गया है और इस देशी नाट्यकला को, जो रास के नाम से प्रसिद्ध थी, रास के नाम से संस्कृत ग्रन्थों में उद्धृत कर दिया गया है।"[8] आगे वह लिखते हैं "रास के दो प्रमुख तत्त्व हैं--एक नाट्य दूसरा रूपकत्व। इन दोनों की शैली और परम्परा संस्कृति की नाट्य शैली से सर्वथा भिन्न है। इससे यह अनुमान प्रमाणित होता है कि रास हिन्दी नाटकों की स्वतन्त्र शैली है, जिसके प्रभाव से ही आगे चलकर गीतिनाट्य की सृष्टि हुई है।"[9] लेकिन फिर भी "नाट्य रूप की दृष्टि से यह रास संस्कृत के नाट्यरासक, गोष्ठी और हल्लीश उपरूपकों के अधिक निकट है, विशेषतया नाट्यरासक और रास की व्युत्पत्ति की प्रकृति में दूर तक साम्य है।"[10]

इन सब विवादों के मध्य प्रायः सभी विद्वान इस पर सहमत हैं कि "आज रास से लोकनाट्य के एक रूप का बोध होता है, जिसमें राधा, कृष्ण, गोपियों की मंडलाकार रूप में गीत एवं नृत्य के साथ शृंगारिक क्रीड़ाएँ दिखाई जाती हैं।"[11]

जहाँ तक 'लीला' शब्द का प्रश्न है, डॉ. कुँवरचन्द्र प्रकाश के शब्दों में "वैष्णव और भक्त आचार्यों के अनुसार लीला शब्द में 'ली' का अर्थ मिलन और 'ला' का अर्थ प्राप्त करना है।"[12] इसमें कृष्ण का गोपियों-सखियों के साथ अनुरागपूर्ण वृत्ताकार नृत्य होता है। "कभी कृष्ण गोपियों के कार्यों एवं चेष्टाओं का अनुकरण करते हैं और कभी गोपियाँ कृष्ण की रूपचेष्टादि का अनुकरण करती हैं। यही लीला है।"[13]

कहा गया है कि स्वामी हरिदास, हित हरिवंश, घमण्डीदेव और नारायण भट्ट आदि वल्लभाचार्य के साथ 'रास' के संस्थापकों में हैं। दानलीला, मानलीला, माखनचोरी, ग्वालों के साथ ठिठोली आदि अभिनय के साथ ही, 'अष्टछाप' के कवियों की रचना के आधार पर, विशेषतः सूर के पदों के आधार पर, विविध लीलाएँ होती रहीं, यह परम्परा अपने अनगढ़ रूप में नन्ददास तक चलती रही। पन्द्रहवीं-सोलहवीं शती में ब्रजभूमि में यह परम्परा नये उत्साह के साथ प्रकट हुई। रास परम्परा के इस विकास में नन्ददास, ब्रजवासीदास, ध्रुवदास, दामोदरस्वामी, नारायण स्वामी, भारतेन्दु और वियोगी हरि आदि ने महत्त्वपूर्ण योगदान दिया। जनरुचि और अभिनयात्मक

प्रसाधन के लोकग्राही विकास में 'रासलीला' अधिकांशतः शृंगारप्रधान हो गयी, न सिर्फ दूसरे प्रान्त में ये लीलाएँ वहाँ के परम्परागत नाट्यरूपों को प्रभावित करने लगीं, बल्कि अपने क्षेत्र में भी आगे चलकर रास-लीला विभिन्न लीलाओं (जैसे—नरसिंहलीला, प्रह्लादलीला आदि ।)[14] के प्रयोग का आधार बनीं।

'रासलीला' की जन्मभूमि वर्तमान उत्तर प्रदेश है। इसके पश्चिमी भाग में इसका मंच पल्लवित और पुष्पित हुआ। वृन्दावन और ब्रजभूमि रासलीला की मुख्यभूमि है। फिर भी, रासलीलाओं के प्रदर्शन न केवल हिन्दी भाषी प्रदेशों की जनता के प्रबल आकर्षण के केन्द्र रहे, बल्कि उन्होंने अखिल भारतीय स्तर पर विभिन्न क्षेत्रीय नाट्य रूपों को अपनी प्रभावान्विति में ले लिया। श्रीकृष्ण दास के शब्दों में, "...ब्रजभूमि से विकसित होकर यह धारा पूर्वक्षेत्र की ओर बढ़ी। उधर श्रीचैतन्य महाप्रभु और उनके अनुयायियों में भी इस नाट्य आन्दोलन को आगे बढ़ाया। इसका प्रचार उड़ीसा से असम तक हुआ। इस आन्दोलन के फलस्वरूप इस पूरे क्षेत्र में एक नया रंगमंच तैयार हो गया और 'यात्रा' नाटकों की परम्परा चली।"[15] इन लीलानाटकों ने अन्य प्रदेशों के लोक मंच और नाट्यशैलियों को प्रभावित किया, जिसके कारण कृष्णचरित्र अंकिया नाट्य (असम) और कथकली (केरल) आदि लोक शैलियों में आंचलिक रूप-रंग और परिवेशों में प्रस्तुत हुआ।"[16] इस प्रकार हम देखते हैं कि रासलीला की प्रभावान्विति का विस्तार अखिल भारतीय रहा है। रासलीला में नृत्य के साथ[17] आंशिक रूप से संवाद एवं प्रधान रूप से गीत[18] की स्थिति होती है। अभिनय का स्पर्श पाकर यही 'रास' लोकनाट्य की श्रेणी में आ गया। कुल मिलाकर, 'रासलीला' नाट्य के कुछ तत्त्वों से अनुप्रमाणित होकर अपने लोकसंग्रही रूप में 'खुले रंगमंच' की नाट्य शैली है। इसका आयोजन अधिकांशतः देव मन्दिरों या देवस्थानों की खुली जगह में किया जाता है। ब्रज और विशेषकर वृन्दावन में सार्वजनिक खुले मैदान, वाटिका और प्रांगण आदि में 'रासलीला' के प्रदर्शन विशेष सजधज के साथ होते हैं।"[19] कहीं-कहीं इसका आयोजन काफी भव्य रूप में किया जाता है। इसके लिए विशेष तैयारी होती है। राजेन्द्रनगर (पटना) में प्रतिवर्ष 'कृष्णलीला' के आयोजन के लिए विशाल मण्डप बनाया जाता है। फिर भी, सामान्यतः दो-चार चौकियों के सहारे रासलीला का आयोजन कर लिया जाता है। "अन्य लोक नाट्य रूपों की तुलना में रासलीला का मंच अत्यन्त साधारण और सादगीपूर्ण होता है। 15 से 20 फुट लम्बी-चौड़ी जगह रासलीलानुकरण के लिए पर्याप्त होती है।"[20] "ऊँचे तख्त या चबूतरे पर चादर बिछा दी जाती है। उसी पर अभिनेता आ जाते हैं।"[21] संगीतज्ञ विविध वाद्ययन्त्रों के साथ नीचे बैठ जाते हैं। फिर राधाकृष्ण सिंहासन पर विराजमान होते हैं। राधाकृष्ण की झाँकी के साथ ही सामाजीगण द्वारा गीतगोविन्द, भागवत के

श्लोक, सूर, नन्ददास आदि के कतिपय पदों का 'मंगलाचरण' के रूप में गायन होता है। एक सखी कृष्ण से कहती है, 'रास के समय ह्वे गयो। अब आप पधारे।' कृष्ण राधा से निवेदन करते हैं। राधा मान करती हैं—'मैं न चलूँ बन की ओर नटखट 'गिरधारी।' तदुपरान्त कभी राधाकृष्ण का द्वन्द्व-नृत्य होता है या फिर सामूहिक नृत्य होता है, जिसमें राधाकृष्ण, गोपियाँ और गोप शामिल होते हैं।"[22] इस प्रकार नृत्य, गायन, कथोपकथन के साथ यह नृत्यरास लगभग एक घंटे तक चलता रहता है। इसकी समाप्ति पर 'स्वरूप' लीला की तैयारी करने के लिए नेपथ्य में चले जाते हैं।[23] नित्यरास' के उपरान्त कृष्ण जीवन के किसी प्रसंग को मंचित किया जाता है। 'कलाकार प्रसंगानुसार परिधान धारण करते हैं। माखनचोरी, कालियादमन, चीरहरण, गोबर्द्धनधारक, कंसवध, उद्धव संवाद आदि विविध प्रसंग अभिनीत किये जाते हैं।"[24] प्रेक्षकों को समय-समय पर 'मनसुखा' नामक पात्र हास्यविनोद का आनन्द प्रदान करता है। 'रासलीला' में कभी-कभी मार्मिक दृश्य दिखलाने के लिए या पात्रों के मंच प्रवेश और प्रस्थान करने के लिए या दृश्यों को प्रभावशाली बनाने के लिए एक छोटा-सा रंगीन परदा प्रयोग में लाया जाता है। "कई बार मंच के समीप बैठे दर्शकों में से ही दो व्यक्ति परदा पकड़कर खड़े हो जाते हैं। परदे को एक ओर झटक दिया जाता है और पीछे से कोई नाटकीय पूर्ण दृश्य दीख पड़ता है। सारे पात्र कुछ समय के लिए जड़ (फ्रीज) हो जाते हैं।"[25]

कथासूत्र को जोड़ने के लिए संगीतज्ञ, सूत्रधार और उसके साथी (कोरस) शुरू में अन्त तक वाद्ययन्त्रों के साथ बैठे रहते हैं।

रूपसज्जा और वेशभूषा के लिए विशेष तैयारी की ज़रूरत नहीं होती। काजल, चन्दन, सुरमा, मुर्दाशंख, पन्नियों से चमकाये हुए मुकुट तथा कुछ कीमती साड़ियों से काम निकल जाता है। कथा की गति संगीत की ध्वनि के साथ धीरे-धीरे बढ़ती है। सम्पूर्ण लीला नृत्यमूलक गतियों, मुद्राओं पर अवलम्बित होती है। एक रात में कभी एक, तो कभी दो-तीन कथा-प्रसंगों की लीलाएँ अभिनीत होती हैं।

वाद्ययन्त्रों में वीणा, मृदंग और मुरली के प्रयोग की, समयानुसार व्यवस्था रहती है। अब तो हारमोनियम और तबले का स्वर भी सुनायी पड़ता है।

इस प्रकार, डॉ. दशरथ ओझा के शब्दों में 'रासलीला' शैली की कुछ विशेषताएँ परिलक्षित की जा सकती हैं।[26] :—

— सम्पूर्ण नाटक छन्दोबद्ध अथवा गेय होता है।
— गद्य भाग सर्वथा उपेक्षित रहता है।
— रासलीला नृत्य और गीत पर अवलम्बित होती है।
— मंगलाचरण और प्रशस्ति-पाठ प्रायः स्वाँग नाटकों के सदृश होता है।

(स्वाँग का अध्ययन आगे किया जा रहा है, जिसमें इस नाटक शैली के साथ रासलीला के साम्य का भी विवेचन किया जाएगा।)

सभी दृश्य परिवर्त्तनरहित होते हैं। (जबकि सन् 1987 में राजेन्द्रनगर, पटना में आयोजित 'कृष्णलीला' में कम से कम तीन दृश्य परिवर्तन की, चित्रित शब्दों के प्रयोग के साथ, व्यवस्था की गयी थी।)

तत्सम् शब्दों का प्रायः अभाव रहता है तथा देशज और तद्भव शब्दों का बाहुल्य रहता है।

'रासलीला' की, डॉ. ओझा द्वारा निर्दिष्ट इन विशिष्टताओं के अतिरिक्त भी कई उल्लेखनीय विशेषताएँ होती हैं, जिनका सम्बन्ध 'मंचन प्रक्रिया' और 'नाट्यशिल्प' से है। जैसे, इसका मंच प्रायः स्थायी होता है, रामलीला की भाँति विभिन्न दृश्य-स्थल या अभिनय स्थल नहीं होते हैं। इसमें झाँकी, या 'जड़' दृश्य योजना की विशेष महत्ता है। पात्रों के प्रवेश-प्रस्थान की पद्धति या छोटे से परदे का कौशलपूर्ण उपयोग बहुत कुछ दक्षिण भारत में प्रचलित 'पक्षगान' नाट्य शैली से मिलता-जुलता है। दर्शक 'रासमंडप' के चारों ओर बैठते हैं, या कहीं-कहीं विशेष आयोजन में दर्शक तो सामने बैठते हैं, लेकिन मंच तीन ओर से खोल दिया जाता है।

2. रामलीला

'रामलीला' शब्द के उच्चारण के साथ ही हमारे सामने कई चित्र उभर आते हैं। खुले मैदान या देवस्थान पर बना साधारण मंच, धनुषबाण लिए श्यामवर्ण के राम, गौरवर्ण के लक्ष्मण, भारतीय नारी की प्रतीक सीता, जटाधारी विश्वामित्र, विकराल रूप धारण किये हुए रावण और सेवा भावना के साकार रूप हनुमान। रामजन्म, सीता स्वयंवर, वनगमन, भरतमिलाप, सीताहरण, लंका अभियान, लंका दहन और विजयी राम का दल-बल सहित अयोध्या आगमन जैसे अनेक दृश्य आँखों के सामने उपस्थित होते हैं। इस लोकप्रिय नाट्य शैली के संकेत भारतीय नाट्यपरम्परा में बहुत पहले से ही मिलते हैं। जैसे हरिवंशपुराण, उत्तररामचरित, महानाटक या हनुमन्नाटक, जैन परम्परा के काव्य, गुजराती लोकनाट्य (भवाई), राजस्थानी लोकनाट्य (रासधारी), महाराष्ट्र के ललित आदि में इस तरह के संकेत हैं। रामचरित मानस के उत्तरकांड में कागभुशंडी के इस कथन से ही कि 'खेलों नहीं बालकाण्ड लीला। करों सकल रघुनायक लीला।।' यह पता चलता है कि तुलसीदास के भी पूर्व परम्परा थी।[7] लेकिन वास्तव में तुलसीदास ने ही रामलीला को इतना आकर्षक, हृदयग्राही एवं जनप्रिय रूप प्रदान किया कि समस्त उत्तरी भारत ही क्या, आसपास के सभी प्रदेश भी 'सियाराममय' हो गये। एशियाई देशों—कम्बोडिया, इण्डोनेशिया, जावा, सुमात्रा, थाइलैंड, फिजी, मॉरिशस आदि देशों में

भी रामलीला के मंच काफी समय से प्रतिष्ठित है।[28]

आज की रामलीला में तुलसीकृत 'रामचरितमानस' का निश्चित आधार रहता है, जबकि तुलसी पूर्व रामलीला का आधार अधिकांशतः वाल्मीकि की रामायण है। ऐसा लगता है कि रामलीला की परिकल्पना 'मानस' की व्याख्या के रूप में की गयी हो। यहाँ तक की सुदूर दक्षिण में कर्नाटक के अतिप्राचीन एवं लोकप्रिय दोड्डट्टा के रामनाट्य 'रामकथे' में तुलसी का सादर उल्लेख और रामचरितमानस की चौपाइयों का संवादों के रूप में समावेश किया जाता है।[29] इसलिए बहुमत इसी पक्ष में है कि रामलीला के प्रवर्त्तक गोस्वामी तुलसीदास हैं।

रामलीला सबसे पुराना और अत्यन्त समृद्ध नाट्य रूप है। संवाद अंश में काव्यात्मक और संगीतात्मक दोनों में, बड़ी विविधता है। इसके कई रूप और शैलियाँ हैं। प्रदर्शन की बड़ी रोचक रीतियाँ और रूढ़ियाँ हैं।[30] कालक्रम में 'मानस' पर आधारित रामलीला की कई प्रदर्शन-पद्धतियाँ विकसित हो गयी हैं। डॉ. इन्दुजा अवस्थी ने अपनी पुस्तक 'रामलीला : परम्परा और शैलियाँ' में रामलीला की विभिन्न प्रदर्शन-पद्धतियों की विस्तृत चर्चा की है। जैसे–'रामलीला' की झाँकी दृश्यों और शोभा यात्रा से युक्त अभिनटनपरक पद्धति में मानस-पाठ होती रहता है और अभिनेता बीच-बीच में अभिनटन करते हैं। संवाद संक्षिप्त होते हैं। कुछ दृश्यों के प्रस्तुतीकरण में दृश्यात्मक रूप में सजे हुए यानों पर जुलूस निकाला जाता है। साथ ही दूसरे यानों पर मानस का पाठ करते रामायणी चलते हैं। इस प्रकार जब यह नाटक मन्दिर के क्षेत्र को छोड़कर भव्य शोभायात्रा नाटकों के रूप में बाहर आया तो उसने जनता के समस्त कलात्मक एवं सांस्कृतिक जीवन को समेट लिया।[31]

'रामलीला' की संवादपरक प्रस्तुति में रामकथा के प्रसंगों को संवादों में ढालकर अलग-अलग प्रसंगों के नाटकीय आलेख तैयार किये जाते हैं। आलेख तैयार करने में 'मानस' के अतिरिक्त दूसरे राम-साहित्य (जैसे गीतावली, रामलला नहछू, रामचन्द्रिका, आनन्द रघुनन्दन आदि) से भी मदद ली जाती है। अनेक लोकगीत भी जोड़े जाते हैं। इस तरह की प्रस्तुति का सबसे पहला प्रयोग रामनगर की रामलीला में बताया जाता है। अब अनेक स्थलों (अस्सी 'वाराणसी', अयोध्या, इलाहाबाद, लखनऊ, मथुरा, दिल्ली, राजस्थान, मध्य प्रदेश आदि) की रामलीलाएँ इसी रूप में होने लगी हैं।

पिछले लगभग एक डेढ़ सौ वर्षों से 'रामलीला' की गेय शैली का प्रचलन भी हुआ है। इसके संवाद गेय होते हैं। मानस-पाठ भी रागबद्ध होता है। राजस्थान, हरियाणा के साथ उत्तराखण्ड (अल्मोड़ा) की रामलीलाएँ इसी कोटि की हैं।[32]

'रामलीला' की उपर्युक्त प्रदर्शन–पद्धतियों के सन्दर्भ में विद्वानों की राय है, कि अभिनटनपरक शैली रामलीला का प्रारम्भिक रूप है। नाटकीय संवाद प्रधान शैली

बाद का संशोधन है। लेकिन, लगभग सभी पद्धतियों में झाँकी और शोभा यात्रा के महत्त्व तथा मानस की चौपाइयों, दोहों के समावेश जैसे कुछ समान तत्त्व हैं। सभी प्रस्तुतियों में जो एक और समानता पाई जाती है, वह यह है कि कथावाचक प्रत्येक रामलीला-मण्डली में होता है। इन विशिष्ट रामलीला आयोजनों को छोड़ दें तो सामान्यतः रामलीला का प्रदर्शन सादगीपूर्ण और आडम्बर रहित होता है।[33] यहाँ रासलीला की भाँति नृत्यगान की प्रमुखता नहीं होती। रामकथा पात्रों के बीच कथोपकथन और अभिनय द्वारा आगे बढ़ती है।

रामलीला का आरम्भ पूर्वरंग की प्रक्रिया से मिलता-जुलता है। पूर्वरंग की प्रथा भरतकालीन है। यह मांगलिकता का सूचक है। "रामलीला के प्रारम्भ में पूर्वरंग की एक निश्चित विधि का पालन किया जाता है जिसमें स्थान भेद के कारण प्रकार-भेद भी देखा जाता है। कहीं यह लीला भगवान के मुकुटों के पूजन से आरम्भ होती है और कहीं इसी प्रकार के अन्य कर्मकांडों से।"[34] पूर्वरंग के बाद जब कथावाचक चौपाइयाँ गा चुकता है, तो कलाकार उनको स्थानीय भाषा के संवादों में दोहराते और अभिनय करते है।"[35] रामायण की कथा कहने वाले 'पाठक' और 'धारक' दो दलों में बँट जाते हैं। एक दल रामायण से पाठ करता है और दूसरा उसकी व्यवस्था। कभी-कभी इस व्यवस्था में अभिनेता भी सम्मिलित हो जाते हैं। इन संवादों में निर्देश, सूत्रधार के संकेत, आगमन और प्रस्थान की सूचनाएँ, कथानक की गति आदि का ब्योरा प्रायः नहीं मिलता।[36]

रामलीला में रामकथा को विभिन्न नाटकीय दिवसों में विभाजित कर लिया जाता है। इसी के अनुसार रामलीला कहीं-कहीं 10 या 11, कहीं 15, कहीं 21 और 31 दिनों तक चलती है। पूर्ण रामकथा एक दिन में कहीं प्रस्तुत नहीं होती। भूमिकाओं में सभी पुरुष अभिनेता होते हैं, अभिनेत्रियों का निषेध-सा है। इन्हें 'स्वरूप' कहा जाता है। रामलीला दिन और रात, दोनों में सम्पन्न होती है। दिन की लीला प्रायः 1-2 बजे से 5-6 बजे तक चलती है। रात की लीला का कार्यक्रम 8-9 बजे से 12 या 2-3 बजे तक चलता है।[37]

रामलीला का रंगमंच अपने ढंग का यथार्थवादी रंगमंच है। भिन्न स्थानों पर अपेक्षित दृश्य के अनुकूल वातावरण का लाभ उठाते हुए प्रदर्शन किये जाते हैं। जैसे वनवास तक की लीलाएँ मन्दिरों में, तो गंगापार के लिए नगर के किसी जलाशय का चयन कर लिया जाता है। चित्रकूट के लिए नगर के बाहर किसी मैदान को घेरा जाता है, तो भारत-मिलाप और राम-तिलक पुनः नगर लौटकर प्रस्तुत होता है। यथार्थवादी मंच का एक और स्वरूप है जिसमें विस्तृत मैदान (जैसे दिल्ली का रामलीला मैदान) के दो विरोधी छोर लंका और अयोध्या मान लिए जाते हैं। और मध्य

के उन्नत मंच पर अभिनय आयोजन होता है। यह मंचीय रूप रामलीला के प्रारम्भिक रूप से अधिक सम्बन्धित है। उपर्युक्त विभिन्न पद्धतियों के सन्दर्भ में इस मंचीय रूप में काफी लोच है।

"कहीं-कहीं रामलीला की रंगभूमि अपेक्षाकृत छोटी होती है। आसपास बाँसों और कपड़े की चादरों से घेर देते हैं। इसमें प्रायः एक ही परदा होता है। नेपथ्य से लीला करने वाले पात्र आते रहते हैं, अथवा दर्शकों के बीच से भी आ जाया करते हैं।"[38]

रंगमंच के नवोन्मेष के दौरान पिछले वर्षों में रामलीला नाम से कई अभिनव प्रयोग भी हुए हैं जिनमें परम्परागत रामलीला की अनेक रूढ़ियों का प्रयोग हुआ। ये सब आधुनिक रंग-प्रयोग हैं।[39]

ऊपर हमने हिन्दी क्षेत्र में प्रचलित दो प्रमुख धार्मिक नाट्यरूपों की चर्चा की, अब हम इस क्षेत्र की लौकिक या सामाजिक लोकनाट्य परम्परा का विवेचन करेंगे। भारतीय लोकमानस को इस सामाजिक लोकनाट्य रूपों ने अत्यधिक प्रभावित किया है। प्रायः इन्हें हलके स्तर पर ग्रहण किया जाता है लेकिन ये नाट्यरूप शताब्दियों से भारतीय जनता की अपनी रोज की समस्याओं को उसी की भाषा व कला रूपों में अभिव्यक्त करने के ऐसे सबल माध्यम रहे हैं, जिन्होंने समय-समय पर साहित्यिक नाट्य-परम्परा को भी प्रभावित किया है। इन लौकिक विषयों से सम्बद्ध लोकनाट्य परम्परा में स्वाँग-जैसी संगीतपरक लोकनाट्य प्रस्तुति की परम्परा अत्यन्त प्राचीन है।[40]

हम यहाँ 'स्वाँग' के साथ 'नौटंकी' और 'भगत' की चर्चा भी एक साथ करेंगे, क्योंकि यह तीनों एक जैसे ऑपेराधर्मी या संगीत-परम्परा के अन्तर्गत आने वाले लोकनाट्यरूप हैं। 'स्वाँग' यदि हिन्दी क्षेत्र की अपनी विशिष्ट सांगीतपरम्परा में सबसे प्राचीनतम है, तो 'भगत' मध्ययुगीन, 'नौटंकी' इन दोनों के बाद रूप हैं।

3. स्वाँग, नौटंकी और भगत

स्वाँग, नौटंकी और भगत की संज्ञाएँ तो भिन्न हैं, लेकिन इन तीनों में कुछ ऐसी समानताएँ भी हैं, जो इन्हें एक नाट्य-परम्परा (संगीत) की विभिन्न शैलियाँ सिद्ध करती हैं।[41] जैसे—इनकी मूल प्रवृत्ति का शृंगारी होना और संगीत को अधिक महत्त्व प्राप्त होना। डॉ. श्याम परमार ने भी लिखा है कि "कहीं स्वाँग के नाम से नौटंकी विख्यात है तो कहीं भगत के नाम से। ऐतिहासिक दृष्टि से स्वाँग की प्राचीनता में सन्देह नहीं, भगत मध्यकाल की वस्तु है और नौटंकी रीतिकालीन अथवा उससे थोड़े पहले की मिली-जुली धारा है।"[42]

लोकनाटक की प्रस्तुत शैली में स्वाँग नाटक एक विशेष स्थान रखते हैं। डॉ.

ओझा के शब्दों में "स्वाँग नाटक हिन्दी भाषा की उत्पत्ति के साथ-साथ ही जनता के सामने आ गये होंगे। हिन्दी साहित्य में स्वाँग से प्राचीनतर नाटक का उल्लेख शायद ही कहीं मिले।...सिद्ध कण्हपा ने डोमिनी के आह्वान-गति में स्वाँग का स्पष्ट उल्लेख किया है।"[43]

कबीरदास के समय में स्वाँग और तमाशा (एक मराठी लोक नाट्य) का इतना अधिक प्रचार हो रहा था कि साधु-महात्माओं के आदेश अवज्ञा के कानों से सुने जाते थे। कबीर निद्राप्रेमी श्रोताओं को सम्बोधित करते हुए कहते हैं–

"कथा होय तहँ श्रोता सोवै,
वक्ता मूँड मचाया रे।
होय जहाँ कहीं स्वाँग तमाशा,
तनिक न नींद सताया रे॥"[44]

इन प्रमाणों से सिद्ध होता है कि 'स्वाँग' उस समय भी अत्यन्त आकर्षक होते थे।

शताब्दियों से यह स्वाँग-परम्परा मौखिक चली आ रही है। विशेष रूप से यह परम्परा उत्तर भारत में प्रचलित है, जबकि स्थानभेद एवं प्रकार-भेद से देश के हर कोने में इसका कोई-न-कोई रूप अवश्य उपलब्ध होता है। जैसा कि शब्द 'स्वाँग' से ही स्पष्ट है--यह 'रूप भरने' वाला अत्यन्त आकर्षक और लोकप्रिय नाट्य रहा है। सत्रहवीं शताब्दी में विरचित बरकतउल्लाह साहब के प्रेम प्रकाश नामक ग्रन्थ में रूप भरने का प्रयोग पाया जाता है। उस सम्बन्ध में 'बहुरूपियों' शब्द की ओर ध्यान जाता है।[45] इसे 'नकल' भी कहा जाता है, तो कहीं यह 'भाँड़' के नाम से प्रचलित है। इसमें हास्य-व्यंग्य की प्रधानता रहती है।

स्वाँग प्रायः गाँवों की निम्न जातियों-भंगी, धोबी, धानुक, कुर्मी, चमार, डोम, पासी आदि के द्वारा समूह-नृत्य के रूप में प्रस्तुत किया जाता है। ये "दो-दो के जोड़े में नाचते, गाते और हँसी-ठिठोली से भरे संलाप करते हैं। उनके साथ के गाने-बजाने वाले लोग उनके किसी मार्मिक स्थल की पंक्ति या वाक्य को पकड़ लेते हैं। और आत्मविभोर होकर ढोलक, मजीरा विशेषतया फूल का बेला जोर-जोर से बजाते हैं। स्वाँग करने वाले उनकी लय पर नाचते रहते हैं। ...ये नर और नारी पुरुषों की रूप-चेष्टादि का अभिनय करते हैं।...इन स्वाँगों में नृत्य, गति, लय, संवाद की प्रधानता रहती है।"[46] यह शैली इतनी व्यापक है कि जिस नाट्य रूप में मुखौटे वाली वेश-भूषा का प्रयोग होता है, यहाँ स्वाँग की स्थिति होती है।

'स्वाँग' का मंच खुला होता है। इसमें तथाकथित रंगमंचीय शिष्टाचार नहीं होते और न दृश्यान्तरों का ही विधान होता है। कहीं-कहीं सड़क और चौराहे इसके मंच

बन जाते हैं। दर्शकों एवं प्रदर्शकों में कोई अन्तर नहीं होता। 'दर्शक' कुछ खड़े और कुछ सामने बैठे रहते हैं। स्वाँगियों की विशेष स्वाँग-विशिष्टताओं की प्रशंसा करते-करते वे भी हर्ष में चिल्ला उठते हैं।[47] यहीं इसका 'रासलीला' की एक शैली से बहुत साम्य है, जिसमें दर्शक झाँकी दृश्यों में भक्ति-विभोर होकर चिल्ला उठते हैं तथा 'रासलीला' दुगुने वेग से चलने लगती है। इसके अतिरिक्त 'स्वाँग' में 'रास' की ही भाँति, कहीं-कहीं नाट्यकार अपनी गुरु-परम्परा का उल्लेख करते हुए उनको श्रद्धांजलि अर्पित करते हैं[48] स्वाँग की यह शैली हरियाणा, रोहतक, हाथरस एवं एटा जिले में खूब प्रचलित रही है।

'स्वाँग' का ही एक रूप 'भाँड़' के नाम से प्रचलित है। इसका होली आदि पर्व के अवसर पर विशेष आयोजन किया जाता है। कुछ विद्वान इसे संस्कृत के 'भाण' का रूपान्तर मानते हैं जिसमें कोई एक पात्र ही 'किं ब्रवीषि'-जैसे संवाद बोलता हुआ कथासूत्र को आगे बढ़ाता है। डॉ. दशरथ ओझा को इस मत को मानने में संकोच होता है। उनके अनुसार "किं ब्रवीषि' की शैली संस्कृत के किसी नाटक में आद्योपांत उपलब्ध नहीं होती। ऐसी प्रतीत होता है कि साहित्यिकार नाटकों ने यह शैली जननाटकों से अपनाई है।"[49]

'नौटंकी' शब्द को कुछ लोग 'नाटकी' का अपभ्रंश मानते हैं। जयशंकर प्रसाद ने भी इसकी सम्भावना प्रकट की है।[50] कुछ लोग नौटंकी नाम की मुल्तान की एक राजकुमारी से सम्बन्धित गाथा से इसका सम्बन्ध मानते हैं। (गाथा—जगदीशचन्द्र माथुर की पुस्तक 'रूरल थियेटर इन इंडिया' के पृष्ठ 69 पर उद्धृत है।) इस प्रकार नौटंकी का जन्मकाल और नाम तो विवादास्पद है ही, बदलती हुई परिस्थितियों के आवश्यकतानुरूप नौटंकी ने अपना रूप बदला भी खूब है। लेकिन फिर भी हाथरस और कानपुर नौटंकी के मुख्य गढ़ माने जाते हैं। सहारनपुर, कन्नौज आदि में कई प्रसिद्ध नौटंकी दल हैं। प्रस्तुति के दौरान हाथरसवाली नौटंकी में बल जहाँ गीत-संगीत और गायन शैली पर होता है, वहाँ कानपुर की नौटंकी में संवाद और अभिनय शैली पर। नौटंकी वाद्ययन्त्रों में मुख्यतः नक्कारा (नगाड़ा) तथा सारंगी, ढोलक और हारमोनियम का प्रयोग होता है। भाषा कोई एक नहीं, प्रत्युत उत्तर भारत की विभिन्न बोलियों का मिश्रित रूप है। हाथरस की तुलना में कानपुर की नौटंकी में फारसीबहुल शब्दों का प्रयोग जरूर अधिक होता है।

नौटंकी में 'रंगा' (सूत्रधार) की भूमिका अत्यन्त महत्त्वपूर्ण होती है। वह कथागायक के रूप में न केवल कथा की नाटकीय प्रस्तुति की शुरुआत करता है, वरन् मंच के समस्त कार्य-व्यापार को स्पष्ट करता हुआ खेल के कथानक की कड़ियाँ जोड़ता है। 'रंगा' को मसखरा, मुंशी, मखौलिया भी कहते हैं। नौटंकी में अधिकतर

ख्याल, राजस्थान

करयाला, हिमाचल प्रदेश

पद्यबद्ध संवाद होते हैं। दोहा, कवित्त, सवैया आदि छन्दों के साथ 'बहरतवील' और 'चौबोला' जैसे लोकछन्दों का प्रयोग होता है। प्रत्येक संवाद के साथ-साथ नगाड़े क। ध्वनि इसकी एक विशिष्ट पद्धति है। 'ऑफ्टर वन ऑर टू लाइन्स दि नगाड़ा इज़ प्लेड फॉर दि सेम ड्यूरेशन।"[51]

नौटंकियों में कुछ रामायण, महाभारत, पुराणों तथा लोकगाथाओं पर आधारित हैं (जैसे ध्रुव, हरिश्चन्द्र, श्रवण कुमार आदि की कथा), कुछ प्रसिद्ध प्रेम कथाओं (हीर-राँझा, लैला-मजनूँ, शीरी-फरहाद) पर, कुछ ऐतिहासिक एवं वीरतापूर्ण घटनाओं पर (अमर सिंह राठौड़, सुल्ताना डाकू), तो कुछ नौटंकियाँ सामाजिक कथानकों (बेटी का सादा, गरीब किसान आदि) पर आधारित हैं। एक समय तो छपी हुई नौटंकी की पुस्तकें बाजार में हर तरफ धड़ल्ले से बिकती थीं। 'न्यू नौटंकीज़ मस्ट बी रिटेन, बट इट मस्ट वी कैप्ट इन माइंड दैट दीज़ आर नॉट मीन्ट फॉर अरबन ऑडियेन्स एलोन।"[52] नौटंकी लेखकों ने संकलन-त्रय पर ध्यान कभी नहीं रखा। यहाँ शकुन्तला भी नर्तकी की तरह नचायी जा सकती है और दुष्यन्त भी ट्विस्ट कर सकते हैं।

"नौटंकी के प्रदर्शन में दृश्य-विधान अथवा उपकरणों का कोई स्थान नहीं। इसका रंगविधान सीधा और सरल होता है।...संगीतमूलक नौटंकी कल्पनाप्रधान थियेटरी रचना है, जिसमें यथार्थ के अनुकरण का प्रयत्न तनिक भी नहीं किया जाता।"[53] लेकिन सामाजिक विद्रूपताओं को व्यंग्यरूप में अभिव्यक्त करने में यह नाट्यरूप पूर्णतया सक्षम है। वस्तुतः हिन्दी लोकनाटक के अध्येता के लिए ऑपेरा शैली का नौटंकी-रंगमंच अत्यन्त रोचक विषय है। नाट्य प्रणाली की दृष्टि से इसे मध्ययुगीनता और आधुनिकता के बीच रखा जा सकता है।

ब्रज तथा हरियाणा और आगरा आदि में नौटंकी के ढंग की 'भगत' का प्रचलन है। 'स्वाँग' की रंग-रूढ़ियों का भी इसमें पूरी तरह समावेश है। खुले, ऊँचे मंच पर भगतों के सप्ताह तक चलने की परम्परा रही है। यद्यपि इधर भगत का मंच विकास की कई स्थितियों से गुजरा है। आगरा और हाथरस का मंच लगभग एक-सा है। अन्तर केवल यह है कि आगरा की 'भगत' में एक परदे का प्रयोग होता है, परन्तु मथुरा और हाथरस में मंच परदारहित, खुला रहता है।[54] भगतों में कई प्रकार की लीलाएँ होती हैं। मोरध्वज, हरिश्चन्द्र आदि धार्मिक, तो जाने आलम, सियाहपोश आदि शृंगारिक कथानक भी प्राप्त होते हैं।

'भगत' और नौटंकी में मोटे तौर पर अन्तर यह है कि गुरुपरम्परा या अखाड़े का महत्त्व भगत में विशेष है। भगत और नौटंकी दोनों में यद्यपि अभिनेताओं द्वारा गणेश पूजन के दीप जलाने के बाद प्रदर्शन प्रारम्भ करने की प्रथा रही है, लेकिन भगत की तुलना में यह धार्मिक भाव नौटंकी में कम महत्त्व का रहा है। कथानक, काव्यतत्त्व

रंगमंचीय स्वरूप में दोनों समान हैं। वस्तुतः उत्तर प्रदेश की नौटंकी और भगत (आगरा) हरियाणा का स्वाँग (या साँग), राजस्थान का ख्याल और मध्यप्रदेश का माच आदि कई नाट्य रूप एक ही कोटि के ऑपेराधर्मी नाटक हैं जो संगीत की पुरानी और व्यापक परम्परा के अन्तर्गत आते हैं। इनमें रूपगत समानता होते हुए भी क्षेत्रीय विशिष्टता है।[55]

4. माच या ख्याल

'माच' मालवा के पठार और निकटवर्ती क्षेत्र का लोकनाट्य है। "महाकवि कालिदास की नगरी उज्जयिनी 'माच' की उत्सवभूमि है और प्रसार-क्षेत्र है—मालवा।"[56] 'माच' शब्द 'मंच' (संस्कृत) का मालवी तद्भव रूप है, जिसका मंच बाँधने, तैयार करने या उस पर अभिनीत किये जाने वाले 'ख्याल' (खेल) दोनों ही अर्थ में प्रयोग होता है।[57] यह एक सामान्य धारणा है कि लोकनाट्य के मंच-अधिकांशतया खुले होते हैं, लेकिन लोकनाट्य के कई रूपों से 'माच' किंचित् भिन्नता इस अर्थ में लिए हुए हैं कि इसकी मंच-व्यवस्था अपने ढंग की और विशिष्ट होती है।

'माच' नाट्य शुरू होने के कुछ सप्ताह पहले इसके अभिनेता एकजुट होकर ग्राम अथवा शहर के किसी खुले स्थान में, शुभ मुहूर्त देखकर माच के 'खम्ब' (स्तम्भ) गाड़ हैं। अपने गुरु से 'खम्ब' की पूजा कराते हैं। पूजन-काल में ढोलक का निरन्तर बजना अनिवार्य-सा माना जाता है। स्थापित स्तम्भ के सहारे मंच की ऊँचाई प्रायः 5 से 10 फुट तक होती है। आवश्यकतानुसार सफेद चादर तानकर उसमें रंग-बिरंगे कागज के फूल साटे जाते हैं। इस तरह का सुसज्जित मंच यद्यपि चारों तरफ से खुला होता है, किन्तु उसकी सुरक्षा के लिए जो व्यवस्था की जाती है, उसका 'माच' की प्रस्तुति में विशेष महत्त्व है। इसके लिए मंच के दोनों ओर दो-दो वाट और सामने वेदी के चार खम्भे लगाए जाते हैं। सामने वाले चार खम्भों के निकट 16 युवक, 1 जमादार, 1 थानेदार और बादशाह के बैठाने की व्यवस्था रहती है। यह सब प्रतीक रूप में ही किया जाता है। पाट पर विश्वस्त कार्यकर्त्ता और अभिनेता प्रस्तुति के दौरान उपस्थित रहते हैं। यह बहुत कुछ भरत के नाट्यशास्त्र में वर्णित 'रंगपूजा' और 'पूर्वरंग' की प्रक्रिया से मिलता-जुलता है। 'माच' के मंच पर एक और गुरु का आसन भी होता है। यह व्यवस्था एक तरह से निर्देशन के रूप में होती है, यद्यपि इस पर कोई बैठता नहीं। प्रकाश के लिए मशालें व्यवहृत होती रही हैं, जिन्हें मंच के तीन खम्भों पर लगाकर मशालची देख-रेख करते रहते हैं। अभिनेता वस्त्रादि परिवर्तन के लिए मंच के निकट किसी स्थान पर चले जाते हैं। चारों ओर से खुला मंच होने के कारण नेपथ्य-जैसा कोई औपचारिक विधान नहीं होता। दर्शक चारों तरफ से देख सकते हैं।

लोकनाट्य की लगभग सभी विशेषताएँ, जैसे—लोकगीतों की मर्मस्पर्शिता, शैलीबद्ध अभिनय-पद्धति, पद्यबद्ध संवाद आदि तो 'माच' में हैं ही, संगीत इस नाट्यरूप का प्राण है। ढोलक 'माच' का प्रमुख वाद्ययन्त्र है। 'माच' की ढोलक पर ठेका, कहरवा, चाँचर, द्रुत और अद्धा आदि ही अधिकतर चलते हैं। माच के कलाकारों का अभिनय ढोलक की थाप और गत पर निर्भर करता है।[58] साथ ही सारंगी का प्रयोग भी होता है। कथावस्तु की दृष्टि से 'माच-साहित्य' पौराणिक, प्रेम-गाथात्मक, ऐतिहासिक और लोक-कथात्मक है।

पात्रों में स्त्री, पुरुष दोनों होते हैं, बल्कि प्रत्येक माच-प्रस्तुति में पाँच स्त्री पात्रों की अपेक्षा होती है। अतः कभी ऐसा भी होता है कि किसी माच में पुरुष से अधिक स्त्रियाँ हो जाती हैं। अभिनय के समय पात्र का प्रवेश मंच पर पहले से ही स्थित पात्र सूचित करता है। नायक के बैठने के लिए मंच पर ही एक कुर्सी रहती है। माच का सहायक पात्र (यानी विदूषक) शेरमार खाँ कहलाता है।[59]

'माच' की अपनी कई रंगमंचीय रूढ़ियाँ हैं, जैसे पात्र को लम्बा सफर तय करना हो तो वह ढोलक की एक विशेष गत पर मंच पर तीन-चार बार चक्कर काट लेता है और नियत स्थान पर पहुँच जाता है आदि। ऐसी ही रंगमंचीय रूढ़ि बिहार के 'बिदेसिया' में भी मिलती है।

'माच' राजस्थान में 'ख्याल' के रूप में प्रचलित है। ऐसा नहीं है कि 'माच' और 'ख्याल' बिल्कुल एक चीज है, लेकिन ये दोनों नाट्यरूप भिन्न होकर भी तात्त्विक दृष्टि से एक हैं। प्रसिद्ध माचकार बालमुकुन्द गुरु अपनी माच-रचनाओं को 'ख्याल' कहते हैं : 'ख्याल माच का ढोला मारूणी, असली माच का सेठ-सेठानी।"[60]

डॉ. श्याम परमार भी लिखते हैं—'ख्याल यद्यपि मिश्रित ढंग की रचना है तो भी इसके पृष्ठ में रास, यात्रा (यात्रा) और भवाई का प्रभाव निस्सन्देह रहा होगा। या स्थूल रूप में ख्याल और माच में बाह्य भेद नहीं है। तथापि उनके अन्तर को स्पष्ट करने के लिए निम्नलिखित अवान्तर भेद द्रष्टव्य हैं।"[61] उसके बाद डॉ. परमार ने जो भेद निर्दिष्ट किये हैं, संक्षेप में इस प्रकार हैं : जहाँ 'ख्याल' मंच से अलग हटकर स्तुति-गान किया जाता है, वहाँ 'माच' में इसका मंच पर ही विधान है। शुरू में, भंगी मंच की सफाई करते हुए अपनी 'सफाई' यानी परिचय देता है, जबकि 'ख्याल' में वह अपने को 'गढ़वाल' से आया हुआ बताता है, तो माच में वह कहता है—आया हूँ भूपाली भिश्ती। उसके बाद 'हरकारा' ख्याल में आकर ख्यालकर का परिचय देता है और प्रधान नायक के आगमन की सूचना देता है, वहाँ यह सब काम 'माच' में मालिन करती है। 'ख्याल' में पूर्वरंग की बस इतनी ही प्रक्रिया है, जबकि 'माच' में उसके बाद पुनः गणेश और देवी की वन्दना की जाती है, तत्पश्चात् देवी के पण्डे

के साथ स्वयं देवी का मंच पर आगमन होता है। 'माच' का आरम्भ अत्यन्त नाटकीय होता है। पूजा-वन्दना के बाद सभी पात्र एक-एक करके मंच पर आते हैं, उस समय 'चोबदार' एक-एक का परिचय देता है। लेकिन, इन अन्तरों के रहते हुए भी 'माच' और 'ख्याल' में बहुत कुछ साम्य है। डॉ. महेन्द्र भानावत ने 'ख्याल' के कम-से-कम 20 रूप-भेदों की चर्चा की है।[62]

हिन्दी क्षेत्र में प्रचलित लोकनाटकों में एक और भी प्रकार है जिसका कथानक तो सामाजिक विषयों से सम्बद्ध रहता है लेकिन जिसे विकास-क्रम में नृत्य और नाटक के बीच की चीज होने के कारण विद्वान 'नाट्यप्राय' या 'नृत्य-नाट्य' करते हैं। यद्यपि यह रूप विवादास्पद है। इस श्रेणी में हिन्दी क्षेत्र में अनेक नाट्यरूप हैं, जिनमें, 'भवाई' विशेष रूप से उल्लेखनीय है।

5. भवाई

'भवाई' गुजरात और राजस्थान दोनों में प्रचलित है। कई दृष्टियों से 'भवाई' एक लोकनृत्य भी माना जाता है। एक मत है कि गुजरात की ओर से जो जन-प्रवाह राजस्थान और मालवा में बहा, उसी ने 'भवाई' का प्रचार किया। लेकिन, भारतीय लोकनृत्य के अध्येता देवीलाल सामर भवाई की उत्सभूमि राजस्थान और मालवा ही मानते हैं।[63] इस सन्दर्भ में एक कथा का उल्लेख भी आता है, जिसके अनुसार 400 वर्ष पूर्व राजस्थान के गाँवों में भी ऊँच-नीच के भेद-भाव बढ़े। शौर्य और वीरता के पुजारी राजपूतों और जाटों ने नृत्य-नाट्य गान की कला को विलास और व्यभिचार समझा। इन्हीं जाटों में एक नागा जी नामक जाट को बचपन से ही नाचने का शौक था। यह बात जाटों को अच्छी नहीं लगी। उन्होंने नागा को नगाड़ा, भूंगल, माला, जाजिम आदि देकर जाति से निकाल दिया और कहा—तू आज से हमारी जाति का भाँड़-भवाई है।[64] इस प्रकार, भवाई जाति नाचने-गाने के लिए निकाली गयी तिरस्कृत जाति थी, जो सामन्ती व्यवस्था से उत्पन्न वर्ग भेद का परिणाम थी। ये लोग गाँव-गाँव में नाना प्रकार के स्वाँग, ख्याल-तमाशे और कलाबाजियाँ कर जनता का दिल बहलाते रहे। डॉ. भानावत ने इसीलिए एक सम्भावना प्रकट की है कि "इस प्रकार 'भमते' (भ्रमण करते) रहने के कारण ये लोग 'भमाई' नाम से पुकारे जाने लगे। कालान्तर में यही 'भमाई' भवाई रूप में परिणत हुआ।"[65] धीरे-धीरे इस पद्धति का अनुसरण अनेक जातियों ने किया। 'जन-जीवन की कड़वी-मीठी अनुभूतियाँ भवाई के वेश (नाटिकाओं) की विषय-वस्तु बनती गयीं और 'टोला' (अर्थात् भवाई के कलाकार दल) द्वारा उन्हें मंचित किया जाने लगा।"[66]

भवाई का मंच बड़ा विलक्षण होता है। खेल शुरू होने से पहले एक व्यक्ति

खड़िया मिट्टी या अपनी तलवार से एक दायरा खींचता है। इस जगह को 'पौढ़' कहते हैं। यहीं भवाई खेली जाती है। भूंगल के तीखे स्वर अभिनेताओं के प्रवेश और प्रस्थान की सूचना देते हैं। जिस प्रकार नौटंकी में 'नगाड़ा' और माच में 'ढोलक' प्रमुख वाद्ययन्त्र हैं, उसी प्रकार 'भूंगल' के बिना भवाई की कल्पना नहीं की जा सकती। अन्य वाद्ययन्त्रों में सारंगी, नगाड़ा, नफीरी, मँजीरे, तबले, हारमोनियम आदि प्रमुख हैं।

परम्परानुसार पहले गणपति के रूप में बोरा-बोरी (नट-नटी) का स्वाँग आता है।[67] तदुपरान्त ब्राह्मण का वेश प्रस्तुत होता है। इन वेशों के बाद भवाई के अन्य वेश आते हैं। रात-भर यह कार्यक्रम चलता रहता है। 'इस प्रकार विविध सामाजिक, ऐतिहासिक एवं धार्मिक वेश करके एक के बाद एक भवाई चलते रहते हैं।[68] डॉ. महेन्द्र भानावत ने राजस्थान में प्रचलित भवाई के चार प्रकारों का उल्लेख किया है—तुरी, तुलगारे, मराठे तथा डाकलिये।[69]

'भवाई' का हास्य अभिनेता 'रंगला' कहलाता है। राजस्थान में यह 'कुटकड़िया' कहलाता है। 'रंगला' की वाक्पटुता, चतुराई और अभिनय कुशलता पर भवाई-प्रदर्शनों की सफलता निर्भर करती है। सामाजिक और पारिवारिक जीवन की कई विद्रूपताएँ विभिन्न चरित्रों के माध्यम से भवाई-मंच पर प्रस्तुत की जाती हैं। यह एक समृद्ध नाट्यरूप है।

6. बिदापत और कीर्तनिया

'बिदापत' एक मैथिली (उत्तर बिहार) लोकनाट्य है। यह एक मंचमुक्त नाट्यरूप है, जो दर्शकों को चारों ओर बैठा कर किया जाता है। इसके अभिनेता प्रायः निम्न जाति के श्रमजीवी होते हैं। कई बातों में यह असम के 'अंकियानाट', मालवा के 'माच' और मिथिलांचल में ही प्रचलित 'कीर्तनिया' से मिलता-जुलता है। इसका नायक 'मूलगाइन' कहलाता है। 'अंकियानाट' (असम) का प्रधान गायक भी 'मूलगाइन' ही होता है। 'बिदापत' में 'माच' (राजस्थान) की भाँति प्रारम्भ में प्रवेश गीत द्वारा समस्त पात्रों का परिचय कराया जाता है। यह पद्धति 'कीर्तनिया' में भी है। यह नाट्यरूप उत्तरी बिहार के पूर्णियाँ और दरभंगा में विशेष प्रचलित रहा है।

'बिदापत' वस्तुतः विद्यापति का अपभ्रंश है। आरम्भ में इसमें विद्यापति द्वारा रचित गीतों के संगीतात्मक नाट्यरूप ही प्रदर्शित किये जाते थे। आज भी 'बिदापत' में प्रारम्भिक 'भगवती-वन्दना' विद्यापति की रचित होती है। आगे चलकर उमापति के 'पारिजात-हरण' की कथा के आधार पर इसका गठन हुआ। यद्यपि यह पूर्णतः विद्यापति या किसी एक लेखक की रचना नहीं है, परन्तु इसमें जब राधिका और उसकी सखियों का 'रास' दिखाया जाता है, तब उस समय जो पद गाये जाते हैं, वे विद्यापति रचित ही होते हैं। इसकी नृत्य शैली 'रासलीला' से प्रभावित है।

'बिदापत' का अभिनय-स्थल 'रंगस्थलीय' कहलाता है। परदा उठने पर मृदंग व खोल पर सामूहिक वादन होता है। यह वादन लम्बे समय तक बड़े जोरों से चलता है। इसे मैथिली भाषा में 'जमनीका' कहते हैं, यह पूर्वरंग की एक प्रक्रिया है जो 'यवनिका' का अपभ्रंश है।

बिदापत नाच में विदूषक 'बिपटा' का बड़ा महत्त्व है। यह बेसिर पैर की बात करने वाला बेजोड़ मसखरा होता है। जब सूत्रधार और परिपार्श्विक नांदी पाठ के बाद वार्त्ता आरम्भ करते हैं, तब अनायास ही यह टपक पड़ता है। 'बिदापत' में मुखौटे का भी प्रयोग होता है। कृष्ण की सेना मुखौटा पहने हुए आती है। शिव के गण मुखौटा पहनते हैं। उस समय समाजी जो गीत गाते हैं उसकी गति त्वरित होती है ओर 'मार्चिंग सांग' की सी ध्वनि निकलती है। इस धुन की कुछ झलक वैशाली के मछुआ लोगों से मिलती है।[70]

'बिदापत' के प्रारम्भिक रूप को कीर्त्तन-भजन-प्रधान गीतों की अधिकता के कारण 'कीर्त्तनिया' भी कहा जाता है। अभी भी कीर्त्तनिया नाट्य बिदापत के पर्याय के रूप में प्रयुक्त होता है, जबकि ये दोनों भिन्न नाट्यरूप हैं।

'कीर्त्तनिया' के मूल में हरि कीर्त्तन की प्रधानता रही है। श्रीकृष्ण दास रास-नाटकों की भाँति ही इसकी महत्ता मानते हैं।[71] जबकि इस नाट्यशैली पर सर्वाधिक प्रभाव बंगाल और असम की यात्रों और कीर्त्तनों की परम्परा का पड़ा है। यों तो यह नाट्य शैली अब लुप्तप्राय है, लेकिन मिथिलांचल के कई क्षेत्रों में आज भी इसके छिटपुट प्रसंग अभिनीत किये जाते हैं। इस नाट्य रूप की प्राचीनता असंदिग्ध है। श्रीकृष्ण दास इसके प्राचीन रूप का उल्लेख इस प्रकार करते हैं, ''अभिनेता और कलाकारों के दल को 'जमाती' कहा जाता था। 'नायक' उसका नेता होता था। वह सूत्रधार और कृष्ण अथवा 'हर' (हरि) की भूमिका किया करता था।.... सफल अभिनेता की सबसे बड़ी विशेषता यह होती थी कि वह 'नचारी' और 'तिरहती' आदि गा सकता था।...अभिनय रात में ही होता था। रंगमंच के स्थान पर एक चौकी होती थी। पहले सूत्रधार आकर नांदी पाठ करता था। वह पैजामा पहिनता था। पैरों में खड़ाऊँ और, सिर पर पाग और हाथ में 'फूलहत्था' लिए रहता था। नटी उसके साथ रहती थी। ...प्रवेश-गीत में पात्रों का परिचय दे दिया जाता था।...इन नाटकों में कथोपकथन के अंश बहुत कम होते थे।...''[72]

जैसा कि ऊपर कहा जा चुका है कि इसका नाम कीर्त्तनिया इसलिए पड़ा कि यह कीर्त्तन-प्रणाली पर ही संयोजित किया जाता था। लेकिन, कुछ लोगों की मान्यता है कि मिथिला में 'कीर्त्तनिया' नाटकों के प्रणेता उमापति उपाध्याय थे जो भगवान कृष्ण की मूर्त्ति के सामने गाते और नृत्य करते थे। ध्यातव्य है कि बंगाल में 'जात्रा

के प्रचलन के पीछे चैतन्य महाप्रभु की प्रेरणा और उद्योग मान्य है।'

कीर्त्तनिया रुकिमणी, गौरी, शिव, राधा, कृष्ण आदि पौराणिक पात्रों के जीवन चरित्रों के विभिन्न अंशों को लेकर कथानक तैयार किये जाते हैं। ये नाटक प्रायः दो प्रकार के हैं। एक तो वे जिनमें कथोपकथन और पद्यांश प्रायः संस्कृत या प्राकृत भाषा में रहते थे। दूसरे वे, जिनमें संस्कृत का सहारा न लेकर मैथिली का सहारा लिया जाता था। कालान्तर में यही 'कीर्त्तनिया' एवं 'बिदापत' जैसे नाट्य रूपों में विकसित हो गये। रेणु ने अपने उपन्यास 'मैला आँचल' में 'बिदापत नाच' की प्रस्तुति का बहुत जीवन्त चित्रण किया है।

7. गवरी

'गवरी' गौरी (शिव की पत्नी) का उपभ्रंश है। 'गवरी' राजस्थान के उदयपुर आदि क्षेत्रों में बसे भीलों का एक समृद्ध धार्मिक नाट्य रूप है। इसका कथानक शिव को केन्द्र बनाकर संगठित किया गया है। हिन्दी क्षेत्र में प्रचलित धार्मिक नाट्य में यह अपने ढंग का विलक्षण लोकमंच है। शिव तथा भस्मासुर का प्रतीक राईबूड़िया, मोहिनी तथा पार्वती की प्रतिमूर्त्ति दोनों राइयाँ, कुटकड़िया (विदूषक) तथा पाट भोपा—ये पाँच 'गवरी' के प्रमुख पात्र होते हैं जो 'माजी' कहलाते हैं। ...दूसरे जितने भी अभिनेता होते हैं उन्हें 'खल्वे' कहते है[73] 'गवरी' में चार प्रकार के पात्रों का अवतरण देखा जाता है। देव पात्र, मानव पात्र, दानव पात्र और पशु पात्र। देवों, दानवों और पशुओं के प्रतीक स्वरूप अभिनेता मुखौटे धारण करते हैं।

'गवरी' में जो दृश्य अभिनीत किये जाते हैं वे खेल, भाव आदि के नाम से पुकारे जाते हैं। 'कुटकड़िया' इस नाटक का सूत्रधार और विदूषक दोनों होता है।

'गवरी' के मूल में नृत्य की प्रधानता रही है। नृत्य की यह प्रधानता आज भी इसमें देखी जाती है। इसी प्रधानता के कारण गवरी नाट्य 'गवरी का नाच' भी कहा जाता है। गाँव का कोई चौराहा अथवा खुला आँगन ही 'गवरी' का रंगमंच होता है। भाद्र महीने से प्रारम्भ होकर पूरे सवा-महीने तक प्रतिदिन इसके प्रदर्शन आयोजित किये जाते हैं। प्रत्येक भील-परिवार का सदस्य इसमें भाग लेना अपना धार्मिक कर्त्तव्य समझता है। फलतः गवरी में अभिनेताओं की संख्या 40-50 से 100 तक देखने को मिलती है।

शिव तथा भस्मासुर की कथा 'गवरी' के उद्भव की मूल कथा कही जाती है। भस्मासुर के प्रतीक रूप में गवरी का नायक अपने चेहरे पर उसका मुखौटा धारण कर समस्त नाट्य का संचालन करता है। लोकजीवन में यह गवरी 'राई' के नाम से प्रसिद्ध है। डॉ. भानावत के शब्दों में, "सम्पूर्ण लोकनाट्य वाङ्मय में केवल यही

एक ऐसा नाट्य है जिसमें लोकनाट्य के अधिकाधिक तत्त्व मिलते हैं। अतः इसे लोकनाट्य का मेरुनाट्य कह सकते हैं।''[74]

हिन्दी क्षेत्र में उपर्युक्त लोकनाटकों के अतिरिक्त कुछ ऐसे भी नाट्य रूप हैं जो किसी प्रदेश-विशेष तक ही सीमित रह कर भी अत्यन्त समृद्ध हैं, साथ ही, कुछ ऐसे नाट्यरूप हैं जो विस्तृत क्षेत्र में प्रचलित होकर उतने प्रसिद्ध नहीं हैं।

8. बिदेसिया

'बिदेसिया' बिहार का संगीत, नृत्य और नाट्य मिश्रित सर्वाधिक लोकप्रिय नाट्यरूप रहा है। मूलतः इसके प्रवर्तक गुदुदर राय माने जाते हैं, लेकिन इसे अखिल भारतीय स्तर पर प्रतिष्ठित करने का श्रेय भिखारी ठाकुर को जाता है। इस नाट्यरूप से लोकरंगकर्मी के रूप में जितनी ख्याति अकेले भिखारी ठाकुर ने अर्जित की, उतनी किसी और ने नहीं। इसमें भोजपुरी लोकगीतों के माध्यम से पश्चिमी बिहार का लोक-जीवन अभिव्यक्त हुआ है। बिहार में प्रचलित बिरहा, कजरी, लोरिकायन, आल्हा, झूमर आदि लोकधुनों के आधार पर इसकी रचना हुई। बिदेसिया की शैली गीति-नाट्य की शैली है। संवाद भी भोजपुरी गद्य में होते हैं। भिखारी ठाकुर के देहावसान के बाद 'बिदेसिया' नाम से आज भी कई मण्डलियाँ आरा, भागलपुर, छपरा आदि में सक्रिय हैं।

'बिदेसिया' में एक व्यक्ति विदेश जाकर किसी स्त्री के चंगुल पड़कर अपनी पत्नी को छोड़ देता है। उसके परदेश चले जाने पर उसकी नवपरिणीत उसके विरह में व्याकुल होकर अपनी मनःस्थिति का बड़ा ही मार्मिक वर्णन प्रस्तुत करती है। यहाँ 'विदेश' का अर्थ कलकत्ता और 'बिदेसिया' का अर्थ पति है यह नाटक इतना लोकप्रिय हुआ कि कालान्तर में भिखारी ठाकुर द्वारा प्रदर्शित अन्य नाटक भी 'बिदेसिया' नामक स्वतन्त्र शैली में प्रचारित हुए।

'बिदेसिया' में बाँस के खम्भों से दस-बारह फुट ऊँचा मंच बनाया जाता है। यह मंच चौकियों को जोड़कर बनाया जाता है जो चारों ओर से खुला होता है। प्रदर्शन का आरम्भ भवानी-वन्दना से होता है। नगाड़ों की धमक के साथ अभिनेता जब मंच यानी चौकी पर उछलकूद करते हैं तो एक अजीब-सी ध्वनि निकलती है, इसीलिए बिदेसिया को क्षेत्रीय बोली में 'चौकीतोड़ नाच' भी कहते हैं। राजस्थान में भी इसी प्रकार शेखावटी के ख्याल 'तख्ततोड़ नाच' के नाम से प्रसिद्ध हैं।[75]

सूत्रधार की भाँति बिदेसिया का 'बातिक' पात्रों का परिचय देता है और कथा-प्रसंगों को आगे बढ़ाता है। हास्य-विनोद के लिए मालव लोकनाट्य माच के सेठ-सेठानी की तरह पूर्वरंग के रूप में 'धोबी-धोबिन' का प्रहसनात्मक प्रदर्शन

नटुआ नाच (बिहार)

नक़ल (पंजाब)

हास्य-विनोद का वातावरण उपस्थित कर देता है। जिस प्रकार माच के टेकिये 'ढोलक सच्ची बाजे' के साथ 'टेके' झूलते हैं, बिदेसिया में 'समाजी', 'साँच बराबर तप नहीं' का दोहा दुहराता है।[76] इस नाटक में 'बटोही' का विशेष महत्त्व रहता है। यह भारतीय काव्य में प्रचलित 'दूत' का मार्मिक मानवीय रूपान्तर है।

9. जट-जट्टिन

मुख्यतः मिथिलांचल (उत्तरी बिहार) के इस लोक नाट्यरूप 'जाट-जट्टिन' के आरम्भ के विषय में निश्चित रूप से कुछ कहना अत्यन्त कठिन है। प्रो. नरनारायण राय के अनुसार इसे उत्तर बिहार के लोकगीत एवं आंचलिक नाट्यरूप के बीच की अवस्था की चीज मानकर इसकी प्राचीनता की कल्पना की जा सकती है।[77] इसके अतिरिक्त इस तरह के स्वाँग की प्रथा उत्तर भारत के प्रायः सभी गाँवों में पायी जाती है। यह प्रायः शादी-ब्याह के अवसर पर आयोजित होता है। चूँकि बारात में सभी पुरुष बाहर जा चुके होते हैं इसलिए स्त्रियाँ अपनी और गाँव की सुरक्षा के लिए जागरण (रात भर जागना) करती हैं। इसी दौरान मनोरंजनार्थ स्त्रियाँ तरह-तरह के स्वाँग प्रदर्शित करती हैं।

जट-जट्टिन पूरी तरह स्त्रियों का मनोरंजक नाटक रहा है। इसके मौलिक स्वरूप में स्त्रियाँ मर्द का स्वाँग भरती, गीत गाती और अभिनय करती हैं। दर्शक भी स्त्रियाँ ही होती हैं। जट-जट्टिन एक-दूसरे पर ताना मारने वाले गीतों के साथ नृत्य करते हैं। यद्यपि इसका आयोजन कम होता है, पर बिहार के कुछेक मंचों से अब इसके कलात्मक प्रदर्शन भी समय-समय पर होने लगे हैं जिसमें मर्द जाट बनता है और स्त्री जट्टिन, साथ ही दर्शकों में पुरुष, स्त्री, बालक, वृद्ध सब होते हैं। कुछ वर्ष पूर्व जननाट्य-संघ, बिहार के तत्वावधान में आयोजित सांस्कृतिक सम्मेलन में पटना के कालिदास रंगालय में सुप्रसिद्ध नर्तक विश्वबन्धु द्वारा प्रस्तुत 'जट-जट्टिन' नृत्य-नाट्य ऐसी ही प्रस्तुति थी। रेणु के 'मैला आँचल' में 'जट-जट्टिन' की प्रस्तुति का भी विस्तृत वर्णन है।

10. कठपुतली का खेल

नाट्य को संसार में उच्च कोटि की कला माना गया है, क्योंकि इसकी आधार सामग्री या माध्यम जटिल संरचनाओं से युक्त जीवन्त मानव शरीर है। इस दृष्टि से हिन्दी क्षेत्र में प्रचलित अन्य सामाजिक विषयों से सम्बद्ध लोकनाट्य रूपों में 'कठपुतली के खेल' को नाट्य से अधिक 'नाट्यप्राय' या 'अर्द्ध-नाट्य' की कोटि में रखा जाना चाहिए। जबकि कठपुतलियाँ मानवीय चरित्रों का ही प्रतिरूप हैं।

कठपुतली का खेल प्राचीनकाल से ही लोक-जीवन के मनोरंजन का प्रिय साधन रहा है। आज इसका सम्बन्ध राजस्थान के साथ है, परन्तु इसकी परम्परा बहुत पहले से मालवा, सौराष्ट्र, महाराष्ट्र आदि प्रदेशों में रही है। अमर सिंह राठौर का शौर्य वर्णन या बिहार के कुँवर सिंह की टेक आदि कठपुतली के प्रसिद्ध खेल हैं।

कठपुतली के खेल के आयोजन के लिए विशेष तामझाम की आवश्यकता नहीं होती। छोटे से तख्त को घेर कर इसका मंच बना लिया जाता है। इसकी मंचन प्रक्रिया बहुत कुछ राजस्थान के 'ख्याल' या मालवा के 'माच' के मंच से मिलती-जुलती है अथवा यह भी सम्भव है कि इसी से प्रेरित होकर इन्होंने अपना पृथक् मंच विकसित कर लिया हो। मानव शरीर की संरचनाओं के अनुकरण पर बनायी गयी ये कठपुतलियाँ मंच पर गजब की करामात करती हैं। चर्म या काठ से अनेक जोड़ के आधार पर इनका निर्माण होता है। इनका संचालन 'नेपथ्य' में छिपा सूत्रधार इनके शरीर के विभिन्न अवयवों के जोड़ से बँधे धागों के सहारे करता है। कहा जाता है कि 'सूत्रधार' शब्द का प्रचलन इसी कठपुतली के खेल की देन है। ढोलक और नफीरी आदि इसके मुख्य वाद्ययन्त्र हैं। आजकल अनेक प्रकार के उन्नत वैज्ञानिक संयन्त्रों की मदद से मंच पर आदमकद कठपुतलियों के खेल भी दिखलायी पड़ते हैं।

नृत्य नाट्य या नाट्य प्रायः सामाजिक लोक नाट्य की श्रेणी में हिन्दी क्षेत्र में प्रचलित अनेक नृत्य-नाट्य-रूप सम्मिलित किये जा सकते हैं। बिहार के डोमकच, किरात-अर्जुन का युद्ध दिखानेवाले लोकनृत्य, जीतिया (वैशाली), बहुरा-गोढ़नी (बेगूसराय), आदिवासियों के छाऊ नृत्य, राजस्थान में प्रचलित दर्जनों नृत्य नाट्यरूप, स्वाँग संपेड़ा और भंड़ेत (लखनऊ, आगरा), राई नृत्य (बुन्देलखण्ड), कड़ा (पंजाब), आदि कई नृत्य-नाट्य की चर्चा हो सकती है। (पीछे वर्णित 'जट-जट्टिन' भी ऐसा ही नृत्य नाट्य रूप है) लेकिन इनमें से हम एक लोकनाट्य की चर्चा का लोभ संवरण भी नहीं कर पा रहे हैं, जो तीन-चार दशकों से विशेष ध्यानाकर्षण का केन्द्र रहा है, वह है—छत्तीसगढ़ का 'नाचा'।

11. नाचा

'नाचा' एक अत्यन्त समृद्ध नाट्यरूप है। रायपुर, दुर्ग, राजनाँदगाँव, बिलासपुर, सरगुजा और रायगढ़ जिलों के ग्रामीण और कस्बाई क्षेत्रों में अनेक नाचा मण्डलियाँ सक्रिय हैं। जैसाकि इसके नाम से ही प्रकट है, यह शैली मूलतः नृत्य (नाच) प्रधान है। 'धान के कटोरे' के नाम से विख्यात छत्तीसगढ़ के लोकमानस में 'नाचा' की जड़ें बहुत गहरी हैं।

'नाचा' के अधिकांश कलाकार धान के खेतों में काम करने वाले मजदूर हैं, जो

दिन भर की कड़ी मेहनत के बाद शौकिया तौर पर रंगप्रस्तुति कर अपने समाज और जीवन की तमाम विसंगतियों और विद्रूपताओं को उजागर करने में पूर्णतया सक्षम हैं।[1]

'नाचा' के कलाकारों की वेशभूषा बहुत सामान्य होती है। घाघरा, चोली और चूनर पहने पुरुष कलाकार स्त्री की भूमिका का अत्यन्त कुशलता से निर्वाह करते हैं। पुरुष पात्र चूड़ीदार पायजामा और रंगीन सलूका (मिर्जई) पहनते हैं। इसमें विदूषक भी होता है। 'नाचा' के कलाकार ढबढबी (एक प्रकार का चर्मवाद्य), चिकारा, पिनपिनी (शहनाई का एक रूप), माँदर और मँजीरे आदि लोकवाद्यों के सहारे गीत, नृत्य और अभिनय का अपना संसार रचते हैं।

अपनी छत्तीसगढ़ बोली के ठेठ ग्रामीण मुहावरों और लोकोक्तियों के सहारे जब नाचा-कलाकार हास्य-व्यंग्य से ओतप्रोत संवाद कहते हैं तो प्रेक्षक समुदाय हँस-हँसकर लोट-पोट हो जाता है। बाल-विवाह की रोकथाम, विधवा-विवाह का प्रचलन, छुआछूत-उन्मूलन और सामन्ती शोषण-उत्पीड़न के विरुद्ध आवाज उठाना—नाचा के कथानक के ढाँचे इन्हीं विषय-वस्तुओं के इर्द-गिर्द खड़े किये जाते हैं। 'नाचा' के माध्यम से धार्मिक, सामाजिक आडम्बरों, कुप्रथाओं और झूठी नैतिकता आदि पर गहरी चोट की जाती है।

कुल मिलाकर हिन्दी क्षेत्र की लोकनाट्य परम्परा का यही स्वरूप हमारे सामने है। आज इन लोकनाटकों की सामान्य-विधियों में अगर कहीं 'रामलीला' या 'रासलीला' जैसी धार्मिक नाट्य परम्परा 'सांगीत' जैसे धर्मनिरपेक्ष संगीत नाटकों से मिलती-जुलती हो सकती है, तो 'माच' में रामलीला की सामग्री पायी जाती है।

इस प्रकार हम देखते हैं कि हिन्दी क्षेत्र की लोकनाट्य परम्परा अत्यन्त विशाल, समृद्ध और बहुरंगी रही है। किसी-न-किसी रूप में यह परम्परा आज भी विद्यमान है और अनिवार्य रूप से आधुनिक नाटक और रंगमंच के रचना तन्त्र और उसकी परिकल्पना को प्रभावित करती रही है।

हिन्दी क्षेत्र की लोकनाट्य परम्परा और अन्य प्रादेशिक लोकनाट्य रूपों में, विशेषतः दक्षिण भारत के लोकनाट्य में समता के कई स्तर हैं। लोकनाट्य-परम्परा मूलतः धार्मिक रही है, वहीं हिन्दी क्षेत्र में प्रचलित लोकनाट्य रूपों में आश्चर्यजनक विविधता है। कथानक और शिल्प प्रक्रिया दोनों ही स्तरों पर हिन्दी क्षेत्र के लोकनाट्य जीवन के विविध प्रसंगों को कई चटकीले रंगों में अभिव्यक्त करने में पूर्णतया सक्षम हैं। इस 'नाट्यपरम्परा' और उसके विशिष्ट तत्त्वों के बारे में एक बड़ी रोचक बात है कि यह संस्कृत की शास्त्रीय नाट्य परम्परा से स्वतन्त्र और भिन्न होते हुए भी उसकी रूढ़ियों और तत्त्वों को वहन भी करती है। इसी पद्धति से हमारी नाट्य परम्परा दसवीं शताब्दी में खण्डित होकर भी कई प्रकार से अखण्ड बनी हुई है। उसके

रूप लोक-परम्परा में शेष हैं।[79]

संस्कृत की रसाश्रयी, कल्पनाप्रधान और काव्यपरक प्रकृति लोकनाटकों के कला-व्यवहारों में सहज ही देखी जा सकती है। नाटकीय प्रतीति और सत्याभास के नियम और व्यवहार हिन्दी लोक रंगमंच में उतने ही सरल और कल्पना सापेक्ष हैं, जितने कि संस्कृत रंगमंच में। इन मूल सैद्धान्तिक समानताओं के अतिरिक्त नाटक रचना और प्रदर्शन के अनेक तत्त्व ऐसे हैं, जिनका स्रोत संस्कृत नाट्य पद्धति और परम्परा ही है, चाहे उनका रूप कितना ही बदल गया हो। लोकनाट्यों में पद्यसंवादों और गीतों का प्रयोग संवाद निवेदन सम्बन्धी अनेक रूढ़ियों, प्रस्तावना और पूर्वरंग के व्यवहारों, नाटकीय अन्वितियों के नियम, वस्तु संगठन के कुछ व्यवहारों आदि में आज भी हमें संस्कृत नाट्य-साहित्य के कुछ रूप-पात्र अवश्य मिल जाते हैं, जैसे—नट-नटी, सूत्रधार और विदूषक तो आज भी अनेक रूपों और नामों में, केवल हिन्दीभाषी क्षेत्र में ही नहीं, वरन् सारे देश के लोकाश्रित नाटकीय विधान के अंग बने हुए हैं। जगदीशचन्द्र माथुर तो देश-भर में प्रचलित इन्हीं लोकनाट्य रूपों को 'पंचमवेद' की संज्ञा देते हैं और कहते हैं कि वास्तव में लोकनाट्य 'पंचम वेद' की अधिकारिणी है। पंचम वेद से मेरा तात्पर्य इसी नाट्यशैली से है जो संस्कृत नाट्यधारा के अवनति काल में सारे भारत वर्ष में प्रगतिशील हुई।[80]

हमने अभी विशेषतः हिन्दी लोकनाट्य परम्परा से परिचय प्राप्त किया। इसी परिचय के आधार पर हम सहज ही इस परम्परा की कतिपय विशेषताओं को अलग से रेखांकित कर सकते हैं। ये 'विशेषताएँ' बहुत महत्त्वपूर्ण हैं। आधुनिक हिन्दी नाटक और रंगमंच में लोकनाट्य-प्रयोग का अनुसन्धान करने में इन 'विशेषताओं' को हमेशा ध्यान में रखना होगा।

1. कथानक की दृष्टि से लोकनाटकों में लोक-जीवन में प्रचलित घटनाएँ ली जाती हैं, जिनमें सामाजिक और धार्मिक मान्यताओं को प्रधानता दी जाती है। महाभारत, रामायण, भागवत एवं अन्य अनेक पुराण तथा जन-प्रचलित किंवदंतियाँ और लोक अवदान हमारी लोकनाट्य परम्परा के अक्षय स्रोत हैं।
2. इनके पात्र जिस समाज और वातावरण में पलते हैं, उनका सच्चा प्रतिनिधित्व करते हैं। उनका उद्देश्य अभिनय करना न होकर, लोकानुरंजन प्रदान करना होता है।
3. लोकनाटकों में 'सूत्रधार' और 'विदूषक' का स्थान अधिक महत्त्वपूर्ण है। यह हाव-भाव और कथन-भंगिमा से नाटक के प्रति दर्शकों के आकर्षण को बनाये रखते हैं तथा कथासूत्र जोड़ते हैं।

4. स्त्री पात्रों का अभिनय प्रायः पुरुष अभिनेता कर लेते हैं।
5. चरित्र चित्रण की अपेक्षा संवाद-योजना पर मुख्य ध्यान दिया जाता है। यहाँ अभिनटन-परक प्रस्तुति की योजना ही प्रमुख है।
6. 'नृत्य' लोकनाटकों का स्वाभाविक अंग है। नृत्य की मुद्राएँ भावाभिव्यक्ति में सहायक होती हैं।
7. लोकनाट्यों में 'संगीत' का प्रधान स्थान है। आदि से अन्त तक नगाड़े, ढोलक, मंजीरे, सारंगी, बाँसुरी, हारमोनियम आदि पार्श्व संगीत प्रदान करते रहते हैं। कहीं-कहीं किसी विशिष्ट लोकनाट्य रूप की पहचान तो 'वाद्ययन्त्र' विशेष से ही होती है, जैसे 'नौटंकी' के साथ नगाड़े का सम्बन्ध या 'माच' के साथ ढोलक की उपस्थिति।
8. बीच-बीच में गद्यात्मक वार्तालाप भी कराये जाते हैं, किन्तु अधिकांश वार्तालाप पद्यमय ही होते हैं।
9. लोकनाट्यों की भाषा मूलतः काव्यात्मक होती है, जिसमें स्थान-स्थान पर बोलीगत भेद के कारण विविधता मिलती है। स्थानीय रंग (लोकल कलर) के अनुसार कथावस्तु में यथावसर हेर-फेर कर लिया जाता है।
10. लोकनाटकों का सबसे महत्त्वपूर्ण अंग उनका अपना विशिष्ट 'मंचविधान' है। यह रंगमंच प्रायः खुले मैदान में एक या दो तख्त अथवा चौकी डालकर बना लिया जाता है, मन्दिर, मैदान, आँगन, ऊँची भूमि में या पंडाल लगाकर। यह लोकमंच की विशेषता है।
11. सहजता, सरलता, उन्मुक्तता और अनौपचारिकता लोकनाट्य का सबसे बड़ा गुण है।
12. असली लोकनाट्य लिखे नहीं जाते, जितने रचे या खेले जाते हैं। वे दर्शकों के मन में पहले से ही समाए रहते हैं। दर्शक-प्रदर्शनकर्त्ता में कोई विशिष्ट अन्तर नहीं रहता है।

इन्हीं विशेषताओं के कारण 'परम्पराशील नाट्य बहुजन-सम्प्रेषण के स्तर से उठकर पंचमवेद की श्रेणी में आ जाता है। लोक-कल्याण की भावना से प्रेरित इन विधाओं को चतुर्वेद की प्रतिष्ठा भले ही नहीं मिली। इनमें प्रभविष्णुता और आदर्शों के प्रति लगाव चतुर्वेद से कम नहीं रहता। हिन्दी रंगमंच की लोकधारा के विकास की कहानी भारतवर्ष के सांस्कृतिक इतिहास का एक उपेक्षित अध्याय है।

सन्दर्भ

1. डॉ. शिवकुमार 'मधुर' (भारत के लोकनाट्य), पृ. 6
2. दि रोमान्स ऑफ थियेटर, पृ. 36
3. लोकनाट्य : परम्परा और प्रवृत्तियाँ, पृ. 16
4. हिन्दी नाटक : उद्भव और विकास, पृ. 14
5. श्रीकृष्ण दास : हमारी नाट्य परम्परा, पृ. 173
6. (क) दशरथ ओझा, नाट्यसमीक्षा, पृ. 78
   (ख) गोविन्द दास, रासलीला : एक परिचय, पृ. 97
7. मध्यकालीन धर्म-साधना, पृ. 135
8. हिन्दी नाटक : उद्भव और विकास, पृ. 73
9. वही।
10. हिन्दी साहित्य कोश, पृ. 712
11. वही।
12. हिन्दी नाट्य साहित्य एवं रंगमंच की मीमांसा, पृ. 67
13. हिन्दी साहित्य कोश, पृ. 713
14. श्रीकृष्ण दास : हमारी नाट्य परम्परा, पृ. 176-177
15. वही, पृ. 177
16. शिवकुमार 'मधुर' : भारत के लोकनाट्य, पृ. 12
17. रासलीला में रास-नृत्य अनिवार्य है। दशरथ ओझा, नाट्य समीक्षा, पृ. 78
18. "रासलीला का ध्रुपद शैली का संगीत श्रेष्ठ और नाटकीय है।" –सुरेश अवस्थी, आधुनिक हिन्दी नाटक और रंगमंच (सं. नैमिचन्द्र जैन), पृ. 15
19. शिवकुमार 'मधुर' : भारत के लोकनाट्य : पृ. 19
20. वही।
21. श्रीकृष्णदास : हमारी नाट्य परम्परा, पृ. 171
22. (क) श्रीकृष्ण दास : हमारी नाट्य परम्परा, पृ. 171
    (ख) डॉ. दशरथ ओझा : हिन्दी नाटक : उद्भव और विकास, पृ. 89-90
23. कुँवर चन्द्रप्रकाश सिंह : हिन्दी नाट्य साहित्य एवं रंगमंच की मीमांसा, पृ. 51
24. शिवकुमार 'मधुर' : भारत के लोकनाट्य, पृ. 21
25. बलवन्त गार्गी : रंगमंच, पृ. 110
26. हिन्दी नाटक : उद्भव और विकास, पृ. 118
27. श्याम परमार : लोकधर्मी नाट्य-परम्परा, पृ. 24
28. इन्दुजा अवस्थी : रामलीला : परम्परा और शैलियाँ, पृ. 32
29. हिन्दुस्तान, 11 अक्टूबर 1981 में इन्दुजा अवस्थी का लेख : रामनाट्य दक्षिण में।
30. सुरेश अवस्थी : आधुनिक हिन्दी नाटक और रंगमंच (सं. नेमिचन्द्र जैन), पृ. 13
31. साप्ताहिक हिन्दुस्तान, 19 अक्तूबर 1980 : मोहन उप्रेती का लेख : 'आइए उत्तराखंड चलें'।

32. वही।
33. शिवकुमार 'मधुर' : भारत के लोकनाट्य पृ. 14
34. कुँवर चन्द्रप्रकाश सिंह : हिन्दी नाट्य साहित्य एवं रंगमंच की मीमांसा, पृ. 141
35. बलवन्त गार्गी : रंगमंच, पृ. 108
36. श्याम परमार : लोकधर्मी नाट्य-परम्परा, पृ. 23
37. हिन्दी साहित्य कोश, पृ. 703
38. वही।
39. 'रामलीला' से सम्बन्धित अधिकतम जानकारी डॉ. इन्दुजा अवस्थी की पुस्तक 'रामलीला : परम्परा और शैलियाँ' से ली गयी है।
40. दशरथ ओझा : हिन्दी नाटक : उद्भव और विकास, पृ. 49
41. रामनारायण अग्रवाल : सांगीत : एक लोकनाट्य परम्परा, पृ. 10
42. श्याम परमार : लोकधर्मी नाट्य-परम्परा, पृ. 50
43. हिन्दी नाटक : उद्भव और विकास, पृ. 49
44. कबीर वचनावली (सं. अयोध्या सिंह उपाध्याय), पृ. 216
45. दशरथ ओझा : हिन्दी नाटक : उद्भव और विकास, पृ. 50
46. हिन्दी साहित्य कोश, पृ. 957
47. वही, पृ. 958
48. दशरथ ओझा, हिन्दी नाटक : उद्भव और विकास, पृ. 118
49. वही, पृ. 123
50. रंगमंच, साहित्य चिन्तन (सं. आचार्य कपिल), पृ. 137
51. लेसरनोन फॉर्म्स ऑफ परफॉर्मिंग आर्ट्स इन इंडिया (सं. दुर्गादास मुखोपाध्याय), पृ. 122
52. वही, पृ. 123
53. नेमिचन्द्र जैन : रंगदर्शन, पृ. 212
54. रामनारायण अग्रवाल : सांगीत : एक लोकनाट्य-परम्परा, पृ. 43
55. सुरेश अवस्थी : आधुनिक हिन्दी नाटक और रंगमंच (सं. नेमिचन्द्र जैन), पृ. 17
56. शिवकुमार 'मधुर' : भारत के लोकनाट्य, पृ. 41
57. श्याम परमार : लोकधर्मी नाट्य-परम्परा, पृ. 86
58. शिवकुमार 'मधुर' : भारत के लोकनाट्य, पृ. 44
59. वही।
60. महेन्द्र भानावत : लोकनाट्य : परम्परा और प्रवृत्तियाँ, पृ. 22
61. लोकधर्मी नाट्य-परम्परा, पृ. 34-36
62. लोकनाट्य : परम्परा और प्रवृत्तियाँ, पृ. 17
63. भारतीय लोक नृत्य, पृ. 40
64. श्याम परमार : लोकधर्मी नाट्य परम्परा, पृ. 52
65. महेन्द्र भानावत : लोकनाट्य : परम्परा और प्रवृत्तियाँ, पृ. 96
66. शिवकुमार 'मधुर' : भारत के लोकनाट्य, पृ. 36
67. लोकनाट्य : परम्परा और प्रवृत्तियाँ, पृ. 98

68. कुँवर चन्द्रप्रकाश सिंह : हिन्दी नाट्यसाहित्य एवं रंगमंच की मीमांसा, पृ. 33
69. लोकनाट्य : परम्परा और प्रवृत्तियाँ, पृ. 97
70. प्राचीन भाषा नाटक (सं. जगदीशचन्द्र माथुर/दशरथ ओझा), पृ. 46-47
71. श्रीकृष्ण दास : हमारी नाट्य-परम्परा, पृ. 264
72. वही, पृ. 243-245
73. लोकनाट्य : परम्परा और प्रवृत्तियाँ, पृ. 138
74. वही, पृ. 140
75. वही, पृ. 230
76. शिवकुमार 'मधुर' : भारत के लोकनाट्य, पृ. 49-50
77. चन्दूलाल दूबे अभिनन्दन ग्रन्थ, पृ. 375
78. शिवकुमार 'मधुर' : भारत के लोकनाट्य, पृ. 86
79. आधुनिक हिन्दी नाटक और रंगमंच (सं. नेमिचन्द्र जैन), पृ. 12
80. जगदीश चन्द्र माथुर : परम्पराशील नाट्य, भूमिका।
81. वही।

□□